Carl Munzinger

Japan 1900

Munzinger, Carl

Japan 1900

ISBN: 978-3-86741-471-5

Auflage: 1
Erscheinungsjahr: 2010
Erscheinungsort: Bremen, Deutschland

© Europäischer Hochschulverlag GmbH & Co KG, Fahrenheitstr. 1, 28359 Bremen (www.eh-verlag.de). Alle Rechte beim Verlag und bei den jeweiligen Lizenzgebern.

Cover: Foto © bildpixel/Pixelio

Bei diesem Titel handelt es sich um den Nachdruck eines historischen, lange vergriffenen Buches (1904). Da elektronische Druckvorlagen für diese Titel nicht existieren, musste auf alte Vorlagen zurückgegriffen werden. Hieraus zwangsläufig resultierende Qualitätsverluste bitten wir zu entschuldigen.

Inhalt.

		Seite
1.	Das Land der aufgehenden Sonne	7
2.	Das Volk und seine Herkunft; Altjapan	16
3.	Japan als moderner Kulturstaat	26
4.	Gebräuche und Lebensweise	41
5.	Charakter und Gemüt	51
6.	Weltanschauung und Geistesleben	68
7.	Shintoismus und Buddhismus	81
8.	Das Christentum und seine Erfolge	105
9.	Schule und Bildung; Deutschland als Lehrmeister	122
10.	Haus und Sitte; Konfuzius	139
11.	Das Vaterland; Großjapan und der Panmongolismus	156

Vorwort.

Allzulange ist uns Japan nur in bengalischer Beleuchtung vorgeführt worden. Allzulange hat man in Europa an das Märchen von den harmlosen Kindern im Blumengarten geglaubt. Zwar der Reisende, welcher in Japan drei oder vier Wochen seinem Vergnügen oder auch „Studien" nachging, konnte kaum zu einer andern Betrachtungsweise kommen. Auch schien ein bißchen mehr oder weniger Dichtung und Phantasie früher von wenig Belang zu sein. Japan war ja so fern, und für uns Deutsche schien es kaum je von Wichtigkeit werden zu wollen.

Rascher als jemand sich träumen ließ, ist das anders geworden. Wie ist die Welt so klein geworden, wie ist uns das ostasiatische Inselreich so nahe gerückt! Wahrlich, heute hat unser Volk ein Recht darauf, die Wahrheit über die Japaner zu hören.

Die Wahrheit über die Japaner soll das Leitmotiv der folgenden Ausführungen sein. Und zwar soll in diesen Ausführungen ein Gesamtbild des japanischen Lebens, des äußeren und des inneren, gezeichnet werden. Diese Aufgabe zu lösen darf jedenfalls demjenigen nicht verwehrt werden, der in sechsjähriger enger Berührung mit allen Schichten und Ständen der Bevölkerung es sich hat angelegen sein lassen, nicht nur die Sprache, Literatur und Geschichte, sondern auch die Seele des Volkes selbst sorgfältig zu studieren.

Ich darf mich dabei in weitgehendem Maße an mein größeres bei A. Haack in Berlin erschienenes Werk, „Die Japaner" (brosch. 5 ℳ, gebd. 6 ℳ) anlehnen. Aber während „Die Japaner" in hervorragendem Maße für wissenschaftliche Missionskreise gedacht waren, wenden sich die nachstehenden Blätter an das allgemeine Interesse. Mögen sie in ihrem Teil dazu beitragen, das Verständnis und die Teilnahme für das Volk der aufgehenden Sonne zu fördern!

Zweibrücken, im Februar 1904.

Carl Munzinger,
Pfarrer und Diltriktsschulinspektor.

1. Das Land der aufgehenden Sonne.

In einunddreißigtägiger Fahrt hatte uns der Norddeutsche Lloyd-Dampfer „Sachsen" von Genua nach Hongkong gebracht. Wir verabschiedeten uns von unserem liebenswürdigen Kapitän v. Gößel, demselben, welcher nachmals bei dem Untergang der „Elbe" den Heldentod der Pflichttreue gestorben ist, und siedelten auf den alten „General Werder" über, welcher damals die Zweigstrecke Hongkong-Yokohama zu befahren hatte. Zwei Tage später lichteten wir die Anker, und gleichzeitig verließ auch die „Sachsen" den Hafen, um nach Schanghai, der Endstation der deutschen Dampferlinie, weiterzufahren. Auf Deck der „Sachsen" spielte die Schiffsmusik ihre Weisen, der Zwischenraum zwischen den beiden Dampfern wurde immer größer, und leise im Winde verwehend hörten wir es schließlich wie einen letzten Gruß zu uns herüberklingen: „Deutschland, Deutschland über alles!" Außer mir war nur noch ein Deutscher an Bord. Derselbe war Ingenieur und hatte eine Anstellung in Kobe-Hyogo, welches eine der größten Städte des japanischen Reiches mit blühendem Handel und einer großen Fremdenniederlassung ist. Da er beständig seekrank in seiner Kabine lag, so mußte ich mich nach anderer Gesellschaft umsehen. Diese fand ich denn auch bald in einem japanischen christlichen Prediger, dessen Name — Yokoi — bis heute durch ganz Japan einen hellen Klang besitzt. Unsere Namen haben später gemeinsam auf mancher Vortragsliste gestanden, und zu mancher ernsten Aussprache sind wir zusammengekommen. Er war von amerikanischen Missionaren bekehrt und erzogen worden; aber das innere Bedürfnis, die religiösen Strömungen des Abendlandes an Ort und Stelle kennen zu lernen, hatte ihn getrieben, eine Reise um die Erde zu machen. Er hatte gut beobachtet, und die deutsche Auffassung des Christentums zumal hatte ihn mächtig ergriffen. So war er mir ein interessanter und lieber Gefährte. Als ich am fünften Tage die Treppe hinauf nach oben stieg, stand er dort und schaute unverwandt zur Linken. Als er mich bemerkte, reckte er seinen Arm nach einem aus den Nebeln hervortretenden Streifen Landes aus. Es war die große japanische Südinsel Kyushiu.

Am Morgen des siebenten Tages liefen wir in den Hafen von Yokohama ein. Es war ein naßkalter Februartag. In Hongkong hatte man den Tropenhelm getragen; hier aber holte ich meinen dicksten Winteranzug hervor. Nie hätte ich gedacht, daß es unter der Breite von Malta und Algier so unfreundlich sein könne.

Wie Hongkong, so hat auch Yokohama infolge seiner großen Fremdenniederlassung zur Hälfte ein europäisches Aussehen. Wenn man die vielen Schiffe im Hafen liegen sieht und durch den europäischen Stadtteil mit seinen großen Handels= und Geschäftshäusern geht, so gewinnt man den Eindruck, daß es eine blühende Handelsstadt sei. Dieser Eindruck entspricht der Wirklichkeit. Yokohama ist in stetigem Aufschwung begriffen, und es wird wohl nicht lange währen, so wird es die drittgrößte Stadt des Landes sein.

Am Nachmittage fuhr ich mit zwei Freunden, welche mich abzuholen gekommen waren, in nahezu einstündiger Eisenbahnfahrt nach Tokio, das mein zukünftiger Wohnsitz sein sollte. Tausend neue Eindrücke stürmten auf mich ein; und als ich am Abend allein in meiner Stube saß, da war mir der Kopf so toll, daß ich nur gerade noch vor mich hinmurmeln konnte: „So, da bist du, in Japan."

Was ist Japan?

Auf diese Frage konnte ich damals schon ganz gute Antwort geben. Denn während der langen Seereise hatte ich Prof. J. J. Reins ausgezeichnetes Werk studiert.

Japan ist ein Inselreich im Stillen Ozean. Seine Entstehung verdankt es hauptsächlich vulkanischen Einflüssen. Die Japaner dagegen führen seinen Ursprung unmittelbar auf die Götter zurück. Eines Tages, so erzählt die von den Gebildeten allerdings nicht mehr geglaubte Sage, saß das Götterpaar Jzanagi und Jzanami auf der Himmelsbrücke und schaute hinab in das

1. Das Land der aufgehenden Sonne.

wogende Meer. Da tauchte Izanagi von ungefähr seine Lanze in die Fluten. Als er sie zurückzog, fielen die Tropfen von der Lanze, und wo einer hinfiel, entstand eine Insel. So wurden die tausend Inseln des japanischen Reiches geschaffen.

Das heutige Japan, welches eine Bevölkerung von 45 Millionen Seelen aufzuweisen hat, besteht aus fünf großen und einer Unzahl kleiner Inseln. Von den letzteren verdienen als Inselgruppen besondere Erwähnung die Riukiu-Inseln, welche die Verbindung zwischen dem japanischen Mutterland und Formosa bilden, und die Kurilen, die sich im Norden bis nach Kamtschatka erstrecken. Diese letztere Inselgruppe, welche, beständigen Stürmen unterworfen, völlig unfruchtbar und fast wertlos ist, mußten die Japaner im Jahre 1875 im Vertrag von St. Petersburg von Rußland gegen die südliche Hälfte des mit Fischfang und Kohlenfeldern reich gesegneten Saghalien (Sachalin) eintauschen. Für Japan, das damals noch im Beginne seiner Entwickelung stand, blieb nichts anderes übrig, als dem starken Nachbar nachzugeben; aber verschmerzt hat es den Verlust bis heute noch nicht.

Die südlichste der fünf großen Inseln ist Formosa, d. h. die Anmutige, von den Ostasiaten Taiwan genannt. Sie ist genau unter dem Wendekreis des Krebses gelegen und reicht somit in die heiße Zone hinein. Sie ist erst im Jahre 1895 als Siegespreis seines Krieges mit China an Japan gefallen. Die Nordinsel Yezo, die Heimat der Aino, ist nur spärlich bevölkert. Das eigentliche Japan besteht aus Hondo, Kyushiu und Shikoku. Von diesen ist Hondo, d. h. Hauptinsel, die weitaus wichtigste. Sie erstrecken sich über die gleichen Breitegrade wie das Mittelländische Meer von Rom bis Alexandria.

Japan ist reich an mittleren und kleinen Städten und großen Dörfern, dagegen sind Großstädte verhältnismäßig selten. In erster Linie steht die jetzige Hauptstadt Tokio, früher Yeddo genannt, mit fast zwei Millionen Einwohnern, an Umfang eine der größten Städte der Welt. Tokio, d. h. östliche Hauptstadt, ist der Sammelplatz der Intelligenz, doch ist es zugleich eine nicht unbedeutende Fabrikstadt. Neben ihm hat sich aber auch die frühere Residenz Kyoto ihr Ansehen zu wahren verstanden. Das

wird schon durch ihren andern, in Japan allgemein gebräuch=
lichen Namen Saikyo, d. h. westliche Hauptstadt, deutlich gemacht.
Es ist die heilige Stadt des Buddhismus. Seine Fabrikate
sind besonders Brokat und Seidenstickerei, Porzellan, Cloisonné
und Bronze. An Einwohnerzahl wird Kyoto mit 300 000 Seelen
durch die nicht weit entfernt am Meere liegende Halbmillionen=
stadt Osaka übertroffen. Osaka ist die bedeutendste Industrie=
stadt des Reiches.

Der vom Festland am nächsten erreichbare Hafen ist Naga=
saki auf Kyushiu. Von hier aus braucht ein Dampfer bis nach
Schanghai zwei Tage, bis nach Tschemulpo, dem Hafen der
koreanischen Hauptstadt Söul, die gleiche Zeit; bis nach Wladi=
wostok und Port Arthur zwei bis drei Tage. Dagegen ist die
Südküste von Korea von der Insel Tsushima aus in wenigen
Stunden erreichbar, während die Westküste Japans von Wladiwostok
aus um einen Tag früher erreicht werden kann als Nagasaki.

Das Klima ist gesund. Zwar ist der Sommer sehr heiß,
so heiß wie irgendwo unter dem Äquator, so daß man gern
die leichtesten Kleider anzieht, die man auftreiben kann; und
auch der Winter ist nicht ganz nach unserem Geschmack, da be=
ständig ein Mark und Bein durchdringender, schneidender Nord=
wind bläst. Dagegen bringt der Winter nur dünne Eisdecken
und wenig Schnee. Ist einmal Schnee gefallen, so scheint bald
darauf die Sonne um so wärmer, so daß der Volksmund den
Tag nach dem Schneefall als Waschtag der armen Leute be=
zeichnet, die nur ein Kleidungsstück besitzen und während des
Waschens desselben nackt sein müssen. An Regen hat Japan
keinen Mangel. Es regnet wohl doppelt und dreifach soviel wie
in Deutschland, besonders in der Regenzeit im Juni und Juli.
Da ist die Luft so von Feuchtigkeit geschwängert, daß das Salz
zerfließt und alles Lederzeug, Stiefel und Handschuhe, sich binnen
weniger Stunden mit Schimmel überzieht. Die schönste Zeit ist
der Herbst, wo bei milder Luft der Himmel monatelang rein und
klar ist. Da erscheint Japan so recht als das Sonnenland, von solch
hellem Licht überflutet, wie es in unserer Heimat fast undenkbar ist.

So ist also Japan ein gesundes Land. Der Aufenthalt da=

selbst bekommt dem Europäer prächtig, solange er maßvoll lebt und im Genuß alkoholischer Getränke nicht ausschweifend ist. Zwar sind epidemische Krankheiten nicht selten; aber von Jahr zu Jahr nehmen sie an Gefährlichkeit ab, da die Regierung durch die umsichtigsten hygienischen Maßregeln erfolgreich gegen sie an= kämpft. Wenn ein Europäer in China, welchem die Aufreibung der Arbeit und die Unbill des Klimas die Gesundheit zerstört haben, sich erholen will, so geht er nach Japan, und das Klima und warme Mineral= und Schwefelquellen, die sich zahlreich im Lande finden, tun das ihrige, um ihn wiederherzustellen.

Aber nicht um der Gesundheit willen geht heute der Strom der Reisenden so mächtig nach Japan. Vielmehr ist es die S ch ö n = h e i t des Landes, welche die Fremden anzieht. Mir ist es ver= gönnt gewesen, das Land nach allen Richtungen zu durchstreifen. Aber je mehr ich von ihm sah, desto besser wollte es mir gefallen. Nippon, d. h. Sonnenaufgang, nennt der Japaner mit Stolz sein Land, und wer es kennt, der weiß, daß der Name trefflich gewählt ist; der wundert sich nicht mehr, warum die nationale Religion des Shintoismus die Sonne als die höchste Gottheit bezeichnet. Es ist ein S o n n e n l a n d in des Wortes schönster Bedeutung.

Die Natur, welche im Winter nur kurze Zeit ruht, wird schon früh durch die Strahlen der Sonne zu neuem Leben geweckt. Schon Ende Februar blühen die Pflaumenbäume, und Ende März entfaltet der Kirschbaum seinen wunderbar schönen Blüten= schmuck. Vom Frühling bis tief in den Winter bieten Wald und Feld einen herzerfreuenden Anblick. In allen Farben schimmern die Blumen; eines geht ihnen freilich ab, nämlich der Duft. Was in Deutschland mühsam in Treibhäusern gezüchtet wird, wächst in diesem subtropischen Klima wild. Dazwischen wiegen sich, an buntfarbiger Pracht mit den Blumen wetteifernd, die Schmet= terlinge, und all das bunte Leben, welches sich in unserer heimi= schen Natur regt, findet sich auch hier. In dunklem Waldes= dickicht läßt der „hototogisu", der Kuckuck, seinen eintönigen und doch melodischen Ruf ertönen, und von meiner Wohnung am Außenrande Tokios aus hörte ich zu gewissen Zeiten die schmel= zende Weise der „uguisu", der Nachtigall. Keine Gefahr wilder

Tiere bedroht den Wanderer; denn nur wenig an Zahl sind die giftigen Schlangen, und der wilde Bär hat sich in die unwirtlichen Wälder von Yezo zurückgezogen. Dagegen sieht man den Hasen und anderes kleines Wild, und in einigen Gegenden gibt es zahlreiche Affen. Katze und Hund sind des Menschen Hausgenossen wie bei uns, und auch der Hühnerhof fehlt nicht. Anmutig und friedlich ist das Leben der Tiere. Und über all dem wölbt sich schwarzgrün das schützende Dach des Fichtenbaumes oder die himmelanstrebende, majestätische Zeder.

Doch nicht im kleinen nur, nein auch im großen ist Japan ein schönes Land; nicht großartig zwar wie die Schweiz, sondern mehr romantisch und lieblich wie die Ufer des Rheins. Grüne Täler, von Flüssen durchzogen, welchseln ab mit romantischen Gebirgslandschaften, und zwischen dunkeln Bergen eingeschlossen liegen herrliche Seen. Hunderte von Fuß hoch stürzen sich rauschende Wasserfälle herab, um als friedlich murmelnde Bäche weiter zu wandern. Von allen Seiten des Landes erglänzt weit hinaus das ewige Meer. Der größte Stolz des Japaners aber ist der Fujiyama (spr. Fudschi; yama = Berg), der in dem Herzen des Landes mitten aus der Ebene heraus über 4000 Meter hoch majestätisch sich erhebt und mit seiner schneebedeckten Kuppel weit hinausschaut als ein treuer Hüter über Land und Meer.

Aber mit dem Schönen lieblich vereint ist das Nützliche. Die japanische Erde ist nicht nur schön, sie ist auch fruchtbar. Zwar ist nicht mehr als der achte Teil des Bodens bebaut und es wird auch nicht leicht möglich sein, mehr urbar zu machen, da das Innere seiner ganzen Länge nach von rauhem Gebirge durchzogen ist; aber dieser verhältnismäßig kleine Teil fruchtbaren Landes vermag die Bewohner wohl zu ernähren. Die Gaben der Natur sind meist ganz anderer Art als bei uns. An Obst bringt sie verhältnismäßig wenig hervor, am meisten noch Orangen, Kaki und Feigen. Apfel und Birnen gedeihen nur auf der Nordinsel Yezo, und auch hier nicht zum besten; die Kirschen blühen zwar, tragen aber keine Früchte, und die Weintraube hat man mit nur geringem Erfolg anzupflanzen versucht. Um so reicher aber vergilt die Reisernte dem Landmann seine

1. Das Land der aufgehenden Sonne.

Mühe. Der Reis bildet weitaus das Hauptprodukt, neben welchem andere Getreidearten wie Hafer, Gerste und Weizen bedeutend zurückstehen. Die Kartoffel wird nur sehr spärlich gebaut. Dagegen gedeiht der Tee prächtig, und auch Tabak wird nicht wenig gepflanzt. In manchen Gegenden sieht man große Maulbeerpflanzungen zur Nahrung für den Seidenwurm; denn die Seidenindustrie bildet einen Haupterwerbszweig. Kein Erzeugnis wird in annähernd gleichem Maße nach dem Ausland verkauft wie Seide. Auch der Ertrag der Baumwolle ist nicht unbedeutend. An Nutzholz ist Überfluß, da das ganze Innere des Landes mit Wald bewachsen ist. Sehr brauchbar ist der Bambus. Wiesen und Kleefelder gibt es so gut wie nicht. Viehzucht wird fast gar nicht getrieben. Schafe, Schweine und Ziegen sind fast unbekannt. Der Grund und Boden ist klein parzelliert, so daß man weder zur Bewirtschaftung des Feldes noch zum Nachhausebringen der Ernte der Zugtiere bedarf. Infolgedessen sind auch Pferde nicht häufig, und wenn man auch in neuerer Zeit damit begonnen hat, sie vor den Wagen zu spannen, so sind sie doch immer noch weit mehr Lasttiere als Zugtiere. An den Ufern der See hat der Fischer sein lohnendes Tagwerk, da die Gewässer reichlich bevölkert sind und eine Menge von Einbuchtungen in der Küste die Ein- und Ausfahrt begünstigen. Die Jagd wird mehr aus Liebhaberei denn als Erwerbszweig betrieben. Auch aus dem Innern der Erde werden Schätze gehoben. Bemerkenswert sind die Kohlenbergwerke im Norden von Yezo und besonders diejenigen in der Nähe von Nagasaki Dieselben sind so reich, daß sie nicht nur den japanischen Bedarf zu decken vermögen, sondern daß noch beträchtliche Mengen nach den Häfen von China verladen werden können. Die Kupferminen liefern einen großen Ertrag, und auch Silber ist vorhanden. Dagegen wird Gold nicht gegraben, und der Mangel an Eisen macht sich empfindlich bemerkbar. Die Japaner sind im ganzen als ein ackerbauendes Volk zu betrachten. Die Industrie ist noch in der Entwickelung begriffen.

Wo so viel Licht ist, da kann es auch an Schatten nicht ganz fehlen. Und Japan hat seine Schattenseiten. Zwar die Cholera und das schwarze Gespenst der Pocken, welche früher sehr gefürchtete Gäste waren — findet man doch unter den Alten heute noch eine sehr große Zahl Pockennarbiger —, werden immer mehr zurückgedrängt. Aber die Naturgewalten sind oft von verheerender Wirkung. Das japanische Meer ist stürmisch. Der Reisende, welcher von Europa herkommt, hat in der Regel in den japanischen Gewässern seine schlechteste Fahrt. An Fischerkähnen und großen Schiffen fordert das Ungetüm alljährlich große Opfer. Manchmal auch wälzt es sich über weite Strecken des Landes und schwemmt Häuser und Felder hinweg. So ergoß sich Ende 1896 eine Flutwelle weit hinein in das Land und verschlang ganze Dörfer und Städte in ihren Wassern und bereitete 27 000 Menschen ein nasses Grab. Was am Abend zuvor noch ein blühendes Paradies gewesen, lag am nächsten Morgen als ein wüstes Leichenfeld da. Unheimlich nicht allein zur See, sondern auch für die Bewohner des Landes sind die Taifune, jene schrecklichen Stürme, welche durch ihre furchtbare Gewalt Schiffen und Häusern gleich gefährlich werden. Ein betäubendes Heulen erfüllt die Lüfte und alle Gewalten der Hölle scheinen losgelassen. Deutschland hat es noch nicht verschmerzt, daß unser Kanonenboot Iltis in einem solchen Taifun seinen Untergang fand. Als die traurige Kunde von dem Verluste des mir wohlbekannten Schiffes kam, gedachte ich mit Wehmut der Erzählungen unserer wackeren Seeleute, wie sie sich freuten, wenn sie auf dieser Nußschale sich wieder einmal glücklich durch die Wellen zwischen China und Japan hindurchgearbeitet hatten, und wie sie besorgten Herzens zu neuer Fahrt sich anschickten. Nun hat sich ihr trauriges Geschick erfüllt.

Nicht minder schlimm sind die Vulkane. Japan ist das Land der Vulkane. Bei einer Statistik der Vulkane der Erde steht Japan mit obenan. Jahrzehntelang ruhen sie und wiegen die Umwohner in Sicherheit. Im Schoße der Berge aber arbeitet die unheilbringende Kraft rastlos weiter, bis sie endlich, wenn man es am wenigsten vermutet, zum verheerenden Ausbruch kommt. Der letzte große Ausbruch, der mehreren blühenden Dörfern verhängnisvoll wurde, war der des Bandaisan im Jahre 1888. Der herrliche Fuji hat sein Dasein lediglich gewaltigen Eruptionen zu verdanken. Im Jahre 1707 ist er zum letzten Male ausgebrochen.

Erdbeben sind sehr häufig. Im Oktober 1891 fand in dem Zentrum des Landes eines statt, bei welchem 10000 Menschenleben vernichtet und über 100000 Häuser in Schutt und Asche gelegt wurden. Weitaus die meisten Erdbeben sind gänzlich harmlos, aber sie rufen ein lästiges Gefühl der Unsicherheit hervor. Der Gedanke drängt sich gar zu leicht auf: noch ein paar Millimeter höher und auch um mein Haus und mein Leben könnte es geschehen sein. Es gibt wenige Europäer, die nicht allmählich nervös gegen Erdbeben werden. Ich selbst machte mir jahrelang blutwenig aus Erdbeben, bis zum Sommer des Jahres 1894. Damals schickte mich der Arzt, ein deutscher Professor der Medizin an der Universität zu Tokio, wegen Krankheit auf das Land. Ich war allein in einem Raume der Eisenbahn und lag lang ausgestreckt auf dem Sitze. Plötzlich ein Ruck — und ich lag am Boden. Der Wagen schwankte bedenklich hin und her, so daß ich nicht anders meinte, als daß es sich um eine Entgleisung handle. Auf der nächsten Station aber erfuhr ich, daß es ein Erdbeben gewesen sei. An einer Stelle, die wir gerade passiert hatten, war der Schienenstrang entzweigerissen, in Tokio und Yokohama waren eine Anzahl Häuser zusammengefallen, unter anderen war auch das deutsche Gesandtschaftsgebäude zerstört worden. Eine Woche später mußte ich, am Typhus erkrankt, in das deutsche Marinelazarett nach Yokohama. Das Lazarett, welches vom Reich unterhalten wird, ist ursprünglich eingerichtet für kranke deutsche Seesoldaten in Ostasien, doch finden in ihm auch private Kranke gegen Bezahlung Aufnahme. An der Spitze steht ein Marinestabsarzt; ein deutscher Lazarettinspektor und zwei deutsche Lazarettgehilfen sind ihm beigegeben. An dem Gebäude waren infolge des vorerwähnten Erdbebens die Kamine eingefallen, und es war unheimlich genug zu hören, wie dieselben nun wieder ausgebessert wurden. Da, in einer Nacht um elf Uhr, kam wieder ein ziemlich starkes Erdbeben. Alle Kranken, soweit sie nur noch kriechen konnten, machten sich flugs aus ihren Betten und so rasch wie möglich hinaus in das Freie. Ich aber konnte weder gehen noch kriechen, hilflos preisgegeben der rücksichtslosen Naturgewalt lag ich da. Zwar ging alles gnädig ab, aber von Stund an war ich nervös gegen Erdbeben.

Wenn von Überschwemmungen, Vulkanen und Erdbeben die Rede ist, so hört sich das bös an. Aber die Erfahrung lehrt, daß sie in Wirklichkeit so gefährlich nicht sind. Tatsächlich habe ich von keinem einzigen Europäer gehört, der bei einem Erdbeben um das Leben gekommen wäre. Alles in allem genommen kann man die begeisterten Hymnen wohl verstehen, welche die Tausende von Reisenden, die alljährlich nach Japans freundlichen Gestaden kommen, anstimmen. Noch mehr aber wird man es begreifen, daß der Japaner selbst mit glühender Liebe an seinem Heimatlande hängt, dem Lande der aufgehenden Sonne.

—— ——

2. Das Volk und seine Herkunft; Altjapan.

Die ursprünglichen Bewohner der japanischen Inseln waren die Aino. Heute findet man sie nur noch auf Yezo. Sie nähren sich kümmerlich von Jagd und Fischerei. Von dem großen Volke, welches sie früher waren, sind heute kaum noch fünfzehntausend übrig geblieben. Unterdrückung und Alkohol haben ihr Zerstörungswerk getan, und die Zeit ist nicht ferne, wo man dem letzten Vollblutaino sein Grab gräbt.

Die wenigsten Japaner haben je einen Aino gesehen. Während meines Aufenthalts in Tokio brachte einmal ein kluger Unternehmer eine ganze Familie dahin. In Scharen strömten die Japaner herbei, um gegen ein kleines Eintrittsgeld die Leute zu betrachten, wie man in der Menagerie Tiere begafft. Unter unseren Studenten war damals viel davon die Rede. Schließlich machte ich mich mit einem von ihnen auf den Weg. Was wir sahen, war genau das, was mir aus Beschreibungen und Bildern schon vorher bekannt war.

Die Aino sind kleine, gedrungene, kräftig gebaute Leute von harmloser, guter Gemütsart. Der Mann erinnert an den großrussischen Bauer. Mit seinem dichten, wallenden Haupt- und Barthaar, welches nie mit dem Schermesser in Berührung gekommen ist, macht er den Eindruck eines Patriarchen. Aber der strotzende Schmutz seiner Behausung, seiner Kleidung und seines wasserscheuen Körpers, seine ganze tierische Lebensweise, seine ungezügelte Gier nach Branntwein und seine unverkennbare geistige Beschränktheit, die sich allen Bildungsversuchen mit Erfolg widersetzt, stehen mit seinem ehrwürdigen Aussehen wenig im Einklang. Von den Ainofrauen darf man nicht als von dem schönen Geschlechte reden. Sie sind Muster von Häßlichkeit, und das Tätowieren ihrer Oberlippe trägt zu ihrer Verschönerung wenig bei. Die Aino sind eifrige Bärenjäger; und während von den Bewohnern der südjapanischen Rinkiu=Inseln berichtet wird, daß sie die jungen Schweine wie ihre eigenen Kinder behandeln, wird den Bewohnern der Nordinsel nachgesagt, daß ihre Frauen eingefangene Bären=jungen an ihrer eigenen Brust säugen. Der Bär ist ihnen eine Art Gottheit, die man anbetet. Gleichwohl töten sie ihn, wo immer sie können, und lassen sich sein Fleisch gut schmecken.

Während nach dem Urteil von Dr. Bälz, der in mehr als zwanzigjährigem Aufenthalt in Ostasien ausgezeichnete Studien über die dortigen Völkerrassen gemacht hat, der Aino Kaukasier mit mongolischem Blutzusatz sein soll, ist der heutige Japaner Mongole mit malaiischer Mischung. Der männliche Japaner ist im Durchschnitt 1,59 Meter groß. Die Frau ist beträchtlich kleiner. Der Mann muß nach unsern Begriffen eher als häßlich, denn als schön bezeichnet werden, während unter den Frauen recht hübsche, ja selbst schöne Gesichter zu finden sind. Die Frau ent=wickelt sich rasch, verblüht aber ungewöhnlich schnell. Auch der Mann, welcher an Körperkraft dem Europäer nachsteht, altert früh. In den Jahren, wo in Deutschland der Mann auf der Höhe seines Wirkens steht, ist der Japaner meist schon arbeitsunfähig. Um so früher aber reift er zum Manne. Abgesehen von der Größe und körperlichen Kraft unterscheidet er sich von dem Euro=päer besonders durch seine Hautfarbe, welche bei manchen dunkel=braun, bei andern gelb ist, durch die schiefstehenden, schmalen, ge=schlitzten, dunkeln Augen mit der Mongolenfalte im inneren Winkel, welche dem Gesicht den Stempel der Intelligenz, zuweilen auch der Verschmitztheit aufdrücken, durch die scharf hervortretenden Backenknochen, durch welche das Gesicht zwar unschön verbreitet wird, aber zugleich den Charakter der Tatkraft erhält, und durch das straffe schwarze Haar, welches den Bestrebungen, es in euro=

päische Formen zu bringen, meist erfolgreich widersteht. Die Körperbehaarung ist spärlich und kommt erst spät zum Vorschein. Der Rumpf ist lang, die Beine kurz. Die Nase ist in der Regel platt, wodurch das ganze Gesicht platt erscheint. Alles geht mehr in die Breite, als in die Länge. Doch findet sich, besonders unter den höheren Ständen der dem Festland am nächsten liegenden Westküste, noch ein anderer Typus, Leute mit schlanken, schmächtigen Gliedern, schmalen, semitischen Nasen und langen, schmalen Gesichtern, sogenannten Daimyogesichtern.

Die heutigen Japaner, deren ursprüngliche Wohnsitze unbekannt sind, kamen in vorgeschichtlicher Zeit vom Festland her auf die japanischen Inseln. Die Landungen geschahen wahrscheinlich in Kyushiu und in der Provinz Izumo, welche den Korea gegenüberliegenden Teil der Hauptinsel bildet. Von da drangen sie in das Innere der Hauptinsel vor. Die Ureinwohner wurden immer weiter zurückgedrängt, bis sie sich schließlich auf Yezo eine letzte Zuflucht suchen mußten.

Daß die Vorgänge sich so zugetragen haben, bezeugt auch die japanische Mythologie. Dieselbe erzählt, daß Izumo das erste bewohnte Land gewesen ist. Hier hatte sich Susano, der Gott des Meeres, niedergelassen und einen Palast gebaut. Er nahm sich eine Gattin, und viele Kinder wurden ihm geboren. Als sich aber die Menschen oder vielmehr die „Erdgötter" vermehrten, beschloß Amaterasu, die Göttin der Sonne, die Tochter des Izanagi, ihren Enkel Ninigi hinabzusenden, daß er über sie herrsche. Bei seinem Abschied vom Himmel übergab sie ihm einen Spiegel, einen Edelstein und ein Schwert. Diese drei bilden bis heute die Insignien des Reiches. Ninigi verließ die himmlischen Gefilde und kam auf dem Gipfel des Takachio im Südwesten von Kyushiu zur Erde herab. Ninigis Enkel, so erzählt die Sage weiter, bekannt unter seinem posthumen Namen Zimmu Tenno, war es vorbehalten, der eigentliche Gründer des japanischen Reiches zu werden. An der Spitze seines Stammes verließ er Kyushiu und drang in die Hauptinsel ein. Teils durch Verträge, teils durch Gewalt unterwarf er die Bewohner und machte sich das Land bis über Osaka hinaus untertan. Darauf baute er sich einen Palast in Kashiwara (Nara) in der Provinz Yamato, von wo aus er regierte. Das geschah im Jahre 660 vor Christus, und von da an rechnen die Japaner das Bestehen des Reiches und die Thronbesteigung ihres Herrscherhauses.

Es ist zweifellos, daß in diesen sagenhaften Geschichten ein historischer Kern steckt. In Susano und Ninigi erkennen wir die Stammväter des japanischen Volkes, welche in uralter Zeit mit ihren Völkerschaften vom Festland her in Izumo und Kiushiu einwanderten, und deren Nachkommen von dort aus das Land unterwarfen. Wer einen Blick auf die Karte wirft, der kann es nicht für zufällig halten, wenn diese beiden Landstriche als die ersten Wohnorte des Volkes und als die Ausgangspunkte der Eroberung bezeichnet werden. Und wenn die Japaner teilweise als die Söhne des Meergottes, gewissermassen als Meergeborene, dargestellt werden, so lesen wir daraus die Erinnerung, daß sie über das Meer hergekommen und aus dem Meere auftauchend an Japans Gestaden gelandet sind. Alles andere aber ist sagen=
haft, und sagenhaft bleibt die japanische Geschichte bis in das dritte Jahrhundert nach Christus. Erst mit dem Eindringen der chinesischen Kultur beginnt sich das Dunkel zu lichten.

Merkwürdigerweise fallen die drei Epochen der japanischen Geschichte, welche stets durch Anstöße von außen veranlaßt wurden, nämlich durch die Berührung mit der chinesisch=konfuzianischen, mit der mittelalterlich=romanischen und mit der modern=angel=
sächsischen Kultur, zeitlich mit den großen Epochen der deutschen Geschichte zusammen. Zur Zeit der Völkerwanderung ist es ge=
wesen, als die chinesische Kultur teils direkt, teils über Korea in Japan eindrang. Anfangs ging es nur langsam. Als aber am Ende des sechsten Jahrhunderts durch den Reichsverweser Shotoku Taishi, einen der weisesten Fürsten, die je die Geschicke des Landes lenkten, der Buddhismus zur Hofreligion gemacht worden war, bewährte sich derselbe als vorzüglicher Vermittler chinesischen Wesens, das nun mit unwiderstehlicher Gewalt vordrang und in kurzer Frist ein Volk roher Barbaren in ein gesittetes und in seiner Art gebildetes Volk verwandelte. Ganz besondere Aufmerksamkeit wendete man der Geschichte zu. Zwei uralte Chroniken, das

Kojiki (aus dem Jahre 712) und das Nihongi, sind uns erhalten geblieben. Aber mit der neuen Kultur begann die Verweichlichung, welcher zumal der kaiserliche Hof in Kyoto nicht widerstehen konnte. Der Mikado hatte nur noch Sinn für Frauen und buddhistische Frömmigkeit. So ward es ein Leichtes für tatkräftige Generale, die wirkliche Gewalt an sich zu reißen. Der Mikado wurde Schattenkaiser. Hundert Jahre, nachdem Karl Martell den letzten Merovinger in ein Kloster gesteckt und als Majordomus die Zügel der Regierung selbst in die Hand genommen hatte, setzte der japanische Generalissimus den Kaiser hinter die Wände seines Palastes gefangen. Vorläufig blieb dieser Zustand provisorisch, bis ihn Yoritomo aus dem Hause der Minamoto, der eigentliche Begründer des Shogunats, im Jahre 1185 gesetzlich machte. Man redete dem Volke ein, der Kaiser, als der Sohn der Sonnengöttin und selbst auch Gott, sei zu hehr und heilig, um sich mit den Geschäften der Regierung zu befassen und sein heiliges Angesicht dem gemeinen Volke zu zeigen. Jeder neue Shogun holte von dem Kaiser formell seine Bestätigung ein; aber das war nur eine dem kaisertreuen Volk gegenüber gespielte Farce. Während nun der „Sohn des Himmels" in seinem Palaste gefangen lebte, von niemand je gesehen als von den Frauen, die um ihn waren, stritten sich die mächtigen Adelsfamilien der Fujiwara, der Taira, der Minamoto, der Hojō und der Ashikaga um die Herrschaft. Die Familie der Hojō sollte zu besonderem Ruhme gelangen. Um das Ende des 13. Jahrhunderts sandte nämlich der Mongolenfürst Kublai Khan, nachdem er zuvor ganz China sich unterworfen hatte, eine Flotte gegen Japan, um auch dieses seinem riesigen Reiche einzuverleiben. Es gelang aber, unter Führung des Hojogenerals die Flotte zurückzuschlagen. Dieses war das erste und einzige Mal, daß Japan von auswärts angegriffen wurde.

Unterdessen war Japan für Europa ein völlig unbekanntes Land. Die erste fabelhafte Kunde von ihm gelangte um das Ende des 13. Jahrhunderts, auch zu der Zeit, da Kublai Khan über China herrschte, durch den Venetianer Marco Polo nach dem Westen. Marco Polo, nach seinem Vater Nicolo und seinem

Oheim Matteo Polo der erste Europäer, welcher in nachweisbar geschichtlicher Zeit die chinesische Erde betrat, berichtet in seinem hochinteressanten Reisewerk über China nach Hörensagen, daß im Osten im Meere ein Inselreich liege, das man Zipan(gu) nenne. Aber eigentlich „entdeckt" wurde Japan erst, als im Jahre 1542 der Portugiese Mendez Pinto als erster Europäer seinen Fuß auf japanischen Boden setzte. Damit beginnt die zweite Periode.

Dem Mendez Pinto folgten die Jesuitenmissionare auf dem Fuße. Ihr Führer Franz Xaver kam selbst von Indien nach Japan. Die Erfolge waren beispiellos. Hunderttausende wurden getauft. Von mehreren Daimyo (Fürsten) und dem Shogun Nobunaga begünstigt, schien die neue Lehre rasch Herr werden zu sollen über die chinesische Kultur und die Religion Buddhas. Immer mehr Missionare kamen in das Land; zu den Jesuiten gesellten sich die Franziskaner. Immer größer wurde die Verwirrung, da die neue Lehre das Bestehende in seinen Grundfesten erschütterte. Dazu kam, daß in den letzten hundert Jahren das Regiment der Shogune sehr schwach gewesen war. Dadurch waren die Daimyo der einzelnen Provinzen erstarkt. Jeder handelte auf eigene Faust, nach der Zentralregierung fragte niemand. Da versuchte Nobunaga, die Daimyo zum Gehorsam zu zwingen. Er starb aber, ohne daß er seine Absicht verwirklichen konnte. Da trat der Taiko Hideyoshi, welcher sich, Napoleon gleich, aus kleinen Verhältnissen zum Herrscher aufgeschwungen hatte, in seine Fußstapfen. Mit eiserner Faust warf er die Fürsten zu Boden. Den Lorbeeren, welche er in der Heimat erntete, fügte er neue hinzu. Die japanische Sage erzählt, die Kaiserin Jingo habe um 200 n. Chr. einen siegreichen Feldzug gegen Korea unternommen. Der Gedanke, eine gleiche Waffentat auszuführen, ließ dem Taiko Hideyoshi keine Ruhe. Er drang mit einem Heere in Korea ein und unterwarf in raschem Siegeslaufe einen Teil des Landes. Haufen abgeschnittener Ohren waren die Siegestrophäen, welche er mit heimbrachte. Nach dem Tode Hideyoshis, im Jahre 1598, machte sich Jyeyasu zum Shogun. Jyeyasu, der Begründer des letzten Shogungeschlechts der Tokugawa, ist der größte Mann der japanischen Geschichte. Er vollendete das Werk, das sein Vorgänger begonnen hatte. Um die Daimyo vollständig in seiner Hand zu behalten, zwang er sie, jedes Jahr sechs Monate in seiner Hauptstadt Yeddo (Tokio) zu wohnen. Aber auch den religiösen Unruhen beschloß er ein Ende zu machen. Er ging an die Ausrottung des Christentums, sei es nun, weil die römischen Missionare in den Kämpfen der Shogune mit den Daimyo wirklich politische Partei ergriffen hatten, oder sei es, daß er die Überzeugung gewonnen hatte, welche auch jetzt noch in Japan weit verbreitet ist, daß nämlich das Christentum dem Japanertum entgegengesetzt sei, und daß das letztere durch ersteres notwendig zerstört werde. Vielleicht auch hegte er den Argwohn, die immer stolzer und selbstbewußter auftretenden „baderen" (patres) arbeiteten der Eroberung des Landes durch eine fremde Macht vor. Mit rücksichtsloser Gewalt wurden die neuen Gedanken unterdrückt. Schwere Kämpfe erhoben sich; denn bei allen Martern, denen die Christen unterworfen wurden, blieben sie begeistert bei ihrem Glauben. Aber keinen Augenblick versagte die Tatkraft der Regierung. Nahezu 40 Jahre währte die Verfolgung. Im Jahre 1637 kam es unter Jyeyasus Enkel Jyemitsu bei dem Schlosse von Shimabara auf Kiushiu zum letzten Entscheidungskampf. Die Christen unterlagen. Tausende wurden niedergemacht, keiner verschont. Die Missionare wurden des Landes verwiesen, der Christenglaube bei Todesstrafe verboten. Damit aber die verruchte Sekte niemals wieder im Lande Boden fasse, so wurde jeder Verkehr mit den fremden „Barbaren" abgebrochen. Kein Japaner durfte hinfort das Land verlassen, kein ausländisches Schiff am japanischen Gestade landen. Nur den Holländern, denen nachgesagt wird, daß sie in der Schlacht von Shimabara die Truppen des Shoguns gegen die Christen unterstützten, und die in Sachen der Religion stets eine kluge Zurückhaltung übten, wurde erlaubt, auf der kleinen Insel Deshima zu landen und dort Waren ein- und auszutauschen.

So war denn das Reich der aufgehenden Sonne zum zweitenmale ein Märchenland geworden. Was in ihm vorging, war ein Geheimnis, dessen Schleier auch die Holländer nicht zu lüften vermochten. Es schien in Schlaf versunken, wie

Dornröschen hinter den verwachsenen Hecken seines verzauberten Schlosses.

Und in der Tat, es ist ein Stück Romantik, was da drinnen sich abspielte. Alle die romantischen Geschichten von Vasallentreue und Ritterehre stammen aus dieser Zeit. Höflichkeit und Etikette und ästhetische Lebensführung erreichen ihre höchste Ausbildung. Es ist die Blütezeit des Rittertums. Die Bevölkerung war in Kasten eingeteilt. Während die Angehörigen des Kriegerstandes, die Samurai, in vielen Dingen über dem Gesetze standen, waren die Glieder der verworfenen Kaste der Eta, der japanischen Paria, tatsächlich rechtlos. Die ganze höhere Bildung der Feudal= zeit war ein ausschließliches Vorrecht des Samuraistandes. Schon äußerlich durch das Tragen von zwei Schwertern ausgezeichnet, besaß der Samurai eine Ausnahmestellung, wie sie in dem Sprichwort trefflich gezeichnet wird: „Wie die Kirschblüte die Krone der Blumen, so ist der Samurai die Krone der Menschen." Damals konnte es wohl vorkommen, daß ein Samurai an einem verborgenen Ort sich aufstellte, um an harmlos dahinwandelnden Leuten aus dem Volk sein neues Schwert zu probieren, ob es auch scharf genug sei, um mit einem Streich einen Menschen durchzuschneiden. Damals gehörte es auch nicht zu den Selten= heiten, daß der Herrscher einem mißliebig gewordenen Hofmann oder Samurai ein Schwert, und zwar je nach dem Rang sogar ein sehr kostbares Schwert zusandte, damit er mittels desselben Harakiri (Bauchaufschlitzen) begehen sollte. Einen Ausweg gab es dabei nicht und der Verurteilte selbst suchte auch keinen, so daß die Geschichte von dem japanischen Edelmann, welcher mit einem solchen brillantenbesetzten Schwert nach Paris entfloh, wo ihn der Verkauf der Waffe in die Lage versetzte, herrlich und in Freuden leben zu können, als eine schöne Legende bezeichnet werden muß. Das Leben war still und friedlich, ein Dolce far niente, wo man zufrieden war mit dem, was man hatte und nicht nach Kommendem verlangend ausschaute. Sie hatte ihr Schönes, diese Zeit des Feudalismus, sie war schön in dem= selben Sinne wie die Ritterzeit der Turniere und des Minne= gesangs im Mittelalter.

Da mit einem Male dröhnte, den Anbruch einer neuen Zeit ankündigend, in diese friedliche Romantik Kanonendonner. In der Bai von Tokio erschien im Jahre 1853 eine amerikanische Flotte unter dem Befehl des Admirals Perry. Er verlangte einen Handelsvertrag und die Öffnung einiger Häfen für den Verkehr. Übers Jahr, so sagte er, werde er sich die Antwort holen. Kaum war das Jahr 1854 gekommen, so war auch Perry wieder da. Er tat, wie wenn nichts wäre. Bei Kanagawa zwischen Yokohama und Tokio baute er, wie zum Zeitvertreib, eine kleine Eisenbahn, und das und anderes brachte den Japanern die Überlegenheit der Abendländer recht zum Bewußtsein. Dazu gähnten die blitzenden Läufe der Kanonen unheimlich nach dem Lande hinüber, und am 31. März 1854 sah sich der in die Enge getriebene Shogun veranlaßt, den Handelsvertrag mit den Vereinigten Staaten zu unterzeichnen. Damit beginnt Japans neueste Geschichte.

Aber die Abneigung gegen die Fremden war nicht mit einem Schlag überwunden. Zwar war es einzelnen zur Gewißheit geworden, daß Japan nur im Bunde mit der neuen Kultur, nicht im Gegensatz zu ihr, bestehen könne. Die Jugend ahnte instinktiv den kommenden Frühling. Sehnsüchtig richteten sich ihre Blicke nach den Märchenländern des Westens. Zu einer Zeit, wo auf dem Verlassen des Landes noch die Todesstrafe stand, schmuggelten sich halbflügge Jünglinge, unter ihnen der jetzige Staatsmann Ito und der nachmalige „Apostel Japans", Nishima, an Bord fremder Schiffe, um, sei es auch unter großen Entbehrungen und Gefahren, die Geistesschätze des Abendlandes kennen zu lernen. In die romantischen Köpfe der alten Samurai wollte es durchaus nicht hinein, daß außer ihnen jetzt auch noch andere Leute, und gar die fremden Barbaren, Anspruch auf Beachtung erhoben. Die Zustände waren anfangs für Europäer ziemlich unsicher. Mehr als einmal erzählten die alten Veteranen unserer deutschen Kolonie uns Jüngeren, daß ihnen bei jedem Ausgang aus ihrer Wohnung ein Polizist zum Schutze beigegeben war. Unter dem Einfluß der fremdenfeindlichen Stimmung ließ der Fürst von Choshu auf europäische Schiffe feuern. Die Folge davon war die Beschießung der Hafenstadt Shimonoseki in Choshu durch die Westmächte und die Auflage einer Strafsumme von 3 Millionen Yen. Der Shogun Jyemochi, empört über die Demütigung, welche der Choshufürst über das Land gebracht hatte, versuchte denselben zu demütigen. Aber sein Heer wurde geschlagen, und als sein Sohn Hitotsubashi, der letzte der Shogune, nach seinem Tode die Regierung übernommen hatte, beschloß der kaiserliche Hof zu Kyoto, veranlaßt durch die mächtigen Daimyo von Choshu und Satsuma, plötzlich die Abschaffung des Shogunats. Hitotsubashi zog sich, ohne nennenswerten Widerstand zu leisten, in das Privatleben zurück. Der Kaiser verließ seinen Gefängnispalast in Kyoto und nahm Yeddo zu seiner Residenz. Die große Revolution von 1867/78 war die Reaktion gegen die Politik des Shoguns, dem man es zum schweren Vorwurf machte, daß er den Fremden gegenüber zu nachgiebig gewesen sei. Aber wenn die Losung der Revolutionäre zuvor gelautet hatte „fort mit den Fremden", so verstummte diese Losung in dem Augenblick, wo der Kaiser selbst die Geschicke des Landes in die Hand genommen hatte. Die neue Regierung, viele der vorher so fremdenfeindlichen Samurai miteingeschlossen, erklärte sich bewußt und entschieden für die abendländische Kultur. Selten war ein Meinungsumschwung so kraß, selten aber auch so weise. Wohl rief das stürmische Vorgehen der Fortschrittspartei im Jahre 1877 in der Satsuma=Rebellion unter der Führung des Generals Saigo noch einmal einen Gegensturm hervor. Doch war derselbe von keinem Erfolg. Die Aufrührer wurden geschlagen, Saigo fiel. Es ist etwas Tragisches um diesen Saigo. Wenn der heutige japanische Student aus dem Samuraistand von ihm spricht, so weint er innerlich Tränen dabei. Saigo, ein begeisterter Patriot, war ein Hauptführer bei der Wiedereinsetzung des Kaisers. Weil er aber in der fremdenfreundlichen Politik des Kaisers eine Gefahr für sein Vaterland erblickte, erhob er die Faust, um das zu zerschmettern, was er selbst einst geschaffen hatte. Er ist der Hagen und der Julianus der japanischen Nation. Mit Saigo ist Altjapan in das Grab gesunken. Eine neue Zeit brach an, und die Fortschritte, welche das japanische Volk bis auf den heutigen Tag auf den Gebieten der Technik, der Politik, der Kunst und der Wissenschaft gemacht hat, rechtfertigen den stolzen Namen, welchen man der mit der Wiedereinsetzung des Kaisers begonnenen Periode beilegte: sie heißt Meiji, d. h. die Erleuchtete.

3. Japan als moderner Kulturstaat.

Mit Riesenschritten entwickelte sich Japan zum modernen Kulturstaat. 1871 wurde der Daimyoherrschaft, welche für die Shogune oft so verhängnisvoll geworden war, ein Ende gemacht. Die ehemaligen Daimyo behielten fürstlichen Rang, sie sind aber aus Herrschern Privatleute geworden. Die Regierung wurde zentralisiert und das Land in Kreise eingeteilt. Gleichzeitig mit den Daimyo verloren auch ihre Vasallen, die Samurai, ihre Stellungen. Die Kasten wurden abgeschafft. Die zuvor rechtlosen Eta erhielten die gleichen Rechte wie die andern Untertanen. Schon 1870 war zwischen Tokio und Yokohama der erste Telegraph eingerichtet worden, und 1872 wurde zwischen den gleichen Städten die erste Eisenbahn eröffnet. Gleichzeitig hielt auch die Post ihren Einzug, und 1873 erschien in Tokio die erste Zeitung. 1872 war unter der Führung des Grafen Jwakura eine Gesandtschaft nach Amerika und an die europäischen Höfe abgegangen. Der Eindruck, welchen die abendländische Kultur auf die Glieder dieser Gesandtschaft, lauter hervorragende Männer, machte, war ein überwältigender. Das Tempo des Fortschritts wurde unter ihrem Drängen noch rascher. 1873 wurde der chinesische Kalender durch den gregorianischen ersetzt, die Impfung und andere hygienischen Maßregeln wurden eingeführt, Beamte und Militär erhielten europäische Kleidung. Zwei Jahre später trat die erste Dampfschiffahrtsgesellschaft ins Leben.

Unterdessen hatte auch die innere Politik ihren Einzug gehalten. Die höhere Kultur rief den Freiheitstrieb im Volk wach, das Volk oder vielmehr die Gebildeten verlangten persönliche Mitwirkung in der Verwaltung. Es bildeten sich die beiden großen liberalen Parteien Jinto und Kaishinto, und sie verstanden es,

3. Japan als moderner Kulturstaat.

das Volk derartig zu erregen, daß sich die kaiserliche Regierung gezwungen sah, eine konstitutionelle Regierung zu gewähren.

Seit 1889 ist Japan eine **konstitutionelle Monarchie** in demselben Sinne wie Preußen. Tatsächlich liegt der japanischen Verfassung die preußische zugrunde. Es hat ein Abgeordnetenhaus und ein Herrenhaus. Niemand sehnt sich mehr nach dem alten Feudalstaat zurück. Der heutige Japaner hat ein ungemein starkes Gefühl für das, was damals fehlte, was aber das Hauptmerkmal des modernen Staates ausmacht: Gleiches Recht für alle. Heute gibt es keine Rechtlosen im Staate mehr. Jedermann genießt den Schutz des Gesetzes. Verbrechen wider das Leben sind kaum so häufig als in unserem christlichen Deutschland, und während der ganzen Dauer meines japanischen Aufenthalts habe ich nie eine Waffe besessen.

An der Spitze des Staates steht der Kaiser. Die Bezeichnung Mikado, welche merkwürdigerweise mit der Benennung der höchsten Gewalt in der Türkei zusammentrifft — Mikado bedeutet Hohe Pforte — ist längst veraltet. Mit seinem Namen heißt der gegenwärtige Kaiser Mutsuhito. Aber der Japaner hat viel zu große Ehrfurcht vor seinem Kaiser, als daß er es wagte, ihn bei seinem Vornamen zu nennen. Er redet darum von ihm nur als von dem Tenno, „Himmlischer König" oder — gewöhnlicher — Tenschi, „Sohn des Himmels". Die gegenwärtige Dynastie hat nachweisbar schon zu der Zeit bestanden, wo das sagenumwobene Altertum erkennbar in das Licht der Geschichte tritt. Das japanische Herrscherhaus ist also das älteste unter den regierenden Fürstengeschlechtern der Erde. In Wirklichkeit aber vermochte sich die Dynastie nur dadurch zu erhalten, daß fortwährend mangels erbberechtigter Nachkommenschaft Adoptionen stattfanden, und daß der Kaiser stets eine größere Anzahl von Frauen hatte. Der jetzige Herrscher besitzt deren zwölf, und der Kronprinz ist nicht ein Sohn der wirklichen Kaiserin, sondern einer kaiserlichen Nebenfrau. Doch haben die Gesetzgeber dem Geiste des Kulturfortschrittes insofern Rechnung getragen, als in Zukunft die Erbfolge an die legitime männliche Nachkommenschaft von Kaiser und Kaiserin gebunden ist.

Als der Kaiser 1868 wieder zur Herrschaft gekommen war, konnte er sich doch noch nicht gleich an die Freiheit gewöhnen.

Auch jetzt noch lebte er in strenger Abgeschiedenheit von dem Volke. Wohl fuhr er zuweilen aus, aber immer nur im geschlossenen Wagen. Dabei mußten in allen Straßen, durch welche er kam, in den höher gelegenen Stockwerken die Amato, "Holzschiebeläden", vorgezogen werden, da es "despektierlich" wäre, wenn ein Untertan auf den Erhabenen "herabschaute". Die Polizei sorgte dafür, daß ihn möglichst wenig profane Augen erspähten. Aber dieses Verfahren erwies sich auf die Dauer als unhaltbar. Dem Kaiser war jede Gelegenheit genommen, auf sein Volk einen persönlichen Einfluß auszuüben und den Herzen seiner Untertanen näherzutreten. Der durch die Berührungen mit England und Amerika wachgerufene demokratische Geist wurde immer stärker, das monarchische Bewußtsein wurde mehr und mehr geschwächt. Über manches japanischen Jünglings Angesicht sah ich schon ein recht skeptisches Lächeln gleiten, wenn von dem Kaiser die Rede war. Prozesse, welche in der alten Welt Jahrhunderte brauchten, sah man hier innerhalb eines Jahrzehntes wie auf einer Schaubühne vor den eigenen Augen sich abwickeln. Im Anfang der neunziger Jahre hatte es das Ansehen, als steuere Japan mit Riesengeschwindigkeit einer Republik nach dem Muster der südamerikanischen entgegen. Da brach gerade zur rechten Zeit der Krieg mit China aus, und diese Gelegenheit benutzten die japanischen Staatsmänner, um die Monarchie wieder auf festen Grund zu stellen. Sie veranlaßten den Kaiser, nach dem Hauptquartier zu gehen, und nun erschienen täglich Notizen in den Zeitungen über die anspruchslose Lebensweise des Kaisers, der alle Entbehrungen seiner Soldaten zu teilen wünsche, über seine hingebende Aufopferung und anderes mehr. Der Kaiser erschien mit einem Male als der treubesorgte Vater seiner Untertanen, und mit einem Schlag wurde er populär. Bei seiner Rückkehr aus dem Hauptquartier geschah es zum erstenmal, daß er im offenen Wagen durch die Straßen von Tokio fuhr im Angesichte seines getreuen Volkes. Jetzt war der Bann gebrochen. Was damals geschah, wurde Gewohnheit. Wozu die Idee des Mikadotums sich unkräftig erwiesen hatte, der Person des Herrschers war es gelungen: Nun lebt er wieder in den Herzen seiner Untertanen.

3. Japan als moderner Kulturstaat.

Mit dem Glauben an den Kaiser als Nachkommen der Sonnengöttin haben die besseren Stände zwar gebrochen, doch wirkt derselbe auch unter ihnen noch nach. Vor wenigen Jahren wurde ein Professor der Universität Tokio abgesetzt, weil er in wissenschaftlichen Untersuchungen den Shintoismus als reine Naturreligion erkannt und die Gottessohnschaft des Kaisers indirekt geleugnet hatte. Zur Förderung der Loyalität gegen den Thron wurde 1892 durch einen Regierungserlaß befohlen, daß in jeder Schule das Bild des Kaisers aufgehängt werde und daß dasselbe an bestimmten Tagen von Lehrern und Schülern feierlich gegrüßt werden müsse. Die Ehrfurcht vor diesem heiligen Bild ist so groß, daß sich Lehrer in die Flammen brennender Schulhäuser stürzen, um dasselbe zu retten.

Man darf sich nicht dem Glauben hingeben, daß der Kaiser selbst der Urheber der gewaltigen Reformen der letzten Jahrzehnte sei. Es soll zugegeben werden, daß derselbe klug ist und seine Zeit versteht, und von der Kaiserin gilt dasselbe. Aber seine beste Klugheit besteht darin, daß er seinen Staatsmännern Ito und Itagaki, Matsukata und Yamagata und anderen nicht im Wege ist, ihre eigenen hohen und weitsichtigen Pläne durchzuführen. Diese haben mit Hilfe der fremden Ratgeber, deren Werk nicht unterschätzt werden darf, den neuen Staat geschaffen.

Die Zahl fähiger Staatsmänner ist groß. Die Ministerposten sind in der Regel vortrefflich besetzt. An der Spitze des Ministeriums steht gegenwärtig General Katsura. Derselbe hat seine Studien in Deutschland gemacht. Im Krieg gegen China befehligte er die Nordarmee mit ausgezeichnetem Erfolg. Seine verstorbene Frau war Christin und stand unserer Mission sehr nahe. Katsura wurde zum Ministerpräsidenten berufen, damit er die Kriegsmacht Japans erhöhen solle. Die Seele des Ministeriums ist aber Komura, der Minister des Äußeren. Seine Studien machte er in Amerika. Er war Statthalter der Mandschurei, als dieselbe im chinesischen Krieg von Japan besetzt war. Danach wurde er Gesandter in Washington, Petersburg und Peking. Er ist deshalb ein genauer Kenner der Staaten, mit denen es Japan am meisten zu tun hat. Generalstabschef ist Oyama, der Eroberer von Port Arthur. Die tüchtigsten Kräfte, wie Ito u. s. w., stehen zur Zeit außerhalb des Ministeriums. Doch liegen sie keineswegs brach. Sobald nämlich ein Minister abgeht, wird derselbe von dem Kaiser zum Mitglied des Geheimen Rates ernannt. Dieser hochbedeutsame Rat der „alten" Staatsmänner wird von dem Kaiser in allen wichtigen Angelegenheiten gehört, und wenn auch sein Urteil keine verbindliche Kraft hat, so besitzt er doch eine große Autorität. So wirken also alle besten Kräfte des Volkes mit zum Gedeihen des Ganzen.

Das Beamtentum ist im allgemeinen zuverlässig, wenn auch Bestechungen nicht zu den Unmöglichkeiten gehören und öffentliche Skandale ab und zu vorkommen. Aber die fremden Ratgeber bei der Regierung versichern, daß es in der Verwaltung sauberer und reinlicher zugehe als in den romanischen Staaten Europas, von den Balkanstaaten nicht zu reden. Die Beamten setzen sich fast ausschließlich aus Gliedern ehemaliger Samuraifamilien zusammen, die eben doch gemäß ihrer jahrhundertelangen Erziehung der Kern und die Seele des Volkes und so auch die treibende Kraft des modernen Japans sind. Mit dem Beginn der Restauration aus ihren alten Dienstverhältnissen als Gefolgsleute der Daimyo entlassen und gewissermaßen als Bettler auf die Straße geworfen, haben sie sich bewundernswert in die neuen Verhältnisse hineingefunden; und wenn es früher im Sprichwort von ihnen hieß: „Die Seele des Samurai ist sein Schwert", so haben sie heute das Schwert mit der Feder oder vielmehr, da man in Japan nicht mit Federn schreibt, mit dem Pinsel vertauscht und sind ebenso wackere Beamte und Gelehrte geworden, wie sie früher Krieger gewesen sind. Nur allmählich ziehen sich auch die Söhne der andern Kasten in Beamtenstellungen nach. Bei der Stellenbesetzung wurde lange nach amerikanischem Gebrauch verfahren.

Die Restauration wurde hauptsächlich durch die Fürsten und Soldaten der Provinzen Satsuma und Choshu (S. 25) durchgesetzt, und seitdem betrachteten diese beiden hochbegabten Clans die Verwaltung des neuen Reiches als ihr besonderes Herrschaftsgebiet. Die meisten hervorragenden Stellen befanden sich in den Händen von Satsuma- und Choshuleuten. Das bildete aber einen Haupt-

3. Japan als moderner Kulturstaat.

anstoß für das Parlament, das sich in entschiedenen Gegensatz zu der Clanherrschaft stellte. Heute noch stellen die beiden Clans einen großen Teil der Staatsmänner; aber mehr und mehr wird die Tüchtigkeit zum einzigen Maßstab. Zur Zeit geht der Hauptkampf zwischen Abgeordnetenhaus und Regierung um die Parlamentsherrschaft. Die Minister sollen nicht mehr, wie bisher, dem Kaiser allein verantwortlich sein, sondern dem Parlament.

Das Parlament, in welchem die Liberalen weit überwiegen, geht allzu stürmisch vor. Es besteht aus 300 Mitgliedern, welche mäßige Diäten erhalten. Als es im Jahre 1890 zum erstenmal einberufen wurde, sagten ihm viele Ausländer eine kurze Lebensdauer voraus. Es war in einem der ersten Monate seines Bestehens, als mich mein Kollege S. der sich Eintrittskarten verschafft hatte, einlud, mit ihm einer Sitzung beizuwohnen. Ich kannte mich damals noch nicht gut aus und S. übernahm die Führung. Wir fuhren in unsern Jinrikscha eine halbe Stunde lang durch die Straßen von Tokio und kamen schließlich an einen großen Häuserkomplex, der in vollen Flammen stand. Der Anblick machte schon damals keinen Eindruck auf mich, da ich große Brände schon einigemal gesehen hatte. Wir fuhren um die Brandstätte herum und allmählich merkte ich, daß wir uns wieder auf dem Heimweg befanden. Ich fragte S. nach der Ursache. „Nun," sagte er, „das Parlament brennt ja eben ab." So war es. Die radikalen Parteien beschuldigten die Regierung, dieselbe habe die Gebäude anstecken lassen, um die sie kompromittierenden Akten los zu werden. Die Regierung aber gab die Beschuldigung zurück. Bei diesem allgemeinen Durcheinander sah es in der Tat aus, als sei der Versuch einer konstitutionellen Regierung als gescheitert zu betrachten, zumal als das Parlament mehrmals nacheinander aufgelöst und jedesmal unter bedeutender Nachhilfe der Knüttel und Fäuste der Soschi wieder gewählt worden war. Es ist auch Ende 1903, zu Beginn der russisch-japanischen Spannung, wieder aufgelöst worden, nachdem es gleich die erste Sitzung dazu benützt hatte, der Regierung ein Mißtrauensvotum auszustellen. Aber an eine Abschaffung denkt kein Mensch.

Bei den innerpolitischen Kämpfen spielen die vorerwähnten

Soshi eine Hauptrolle. Dieselben sind eine eigentümliche Erscheinung, die in der japanischen Veranlagung begründet ist. Der Japaner ist der geborene Politiker. Um der Politik willen verlassen Professoren ihre Katheder und christliche Prediger ihre Kanzeln. Am Volksganzen zu arbeiten ist das höchste Ideal. Zu einer Zeit, wo ich in das innere Leben der Japaner noch wenig hineingeschaut hatte, fragte ich einen jungen Mann, einen Christen, was er werden wolle. „Ein großer Staatsmann wie Ito", war die verblüffende Antwort. Japans Staatsmänner von heute haben sich fast alle aus einfachen Samuraiverhältnissen emporgeschwungen. Warum, so denken die jungen Leute, soll uns dies nicht auch gelingen? Doch wenn sich auch viele berufen dünken, wenige nur sind auserwählt. Weitaus die meisten sinken zu Soshi herab, zu politischen Parteigängern, welche im Dienste einer Persönlichkeit oder einer Partei oder der Regierung selbst die Politik mit Faustschlägen, Knütteln und Schwertern machen.

Die Soshi sind verkrachte Existenzen, die nichts zu verlieren haben. Die Fremden tun gut daran, ihnen aus dem Wege zu gehen. Ihre Ausrottung ist bis heute noch nicht gelungen. Es gibt freilich nicht wenige Leute, welche behaupten, es sei der Regierung nicht ernst mit ihrer Vernichtung, da sie manchmal selbst in die Lage komme, sich ihrer zu bedienen.

Die Soshi sind auch die Demagogen, welche die Politik in die Massen hineintragen. Die politische Agitation ist bedeutender als in unsern Landen. Im Lohndienst der Parteien ziehen die Soshi im Lande umher zu politischen Versammlungen, und auch an den abgelegensten Ortchen gehen sie nicht vorüber.

Ich hielt mich einmal zur Zeit des Hochsommers teils zu Sprachstudien, teils zur Erholung in einem abgelegenen Fischerdorf an der See auf. Neben meiner Wohnung war der Tempel des Dorfes und mit dem buddhistischen Priester war ich persönlich bekannt geworden. Eines Abends lud er mich ein, mit ihm zum nächsten Dorfe, einem verlorenen Neste von ungefähr dreihundert Seelen, zu gehen: dort finde eine politische Vortragsversammlung der radikalen Partei statt. Ich ging mit ihm. In dem Dorfe hatte er einen guten Freund, den Doktor des Orts. In Japan sitzt ein Doktor in jedem Ort; dieser war übrigens einer, dem ich mich nicht anvertraut hätte, denn seine

3. Japan als moderner Kulturstaat.

Heilmethode war noch die alte chinesische mit ein bißchen holländischer Anatomie. Der Doktor war gerade bei dem Abendessen und hatte was eine Ausnahme ist — dem Saké, dem Reisschnaps, etwas reichlich zugesprochen. Er lud uns ein, mitzuessen, aber der Reis mit rohem Fisch und übelriechenden eingemachten Rüben war mir doch zu wenig verlockend. Wir begnügten uns mit einem Schälchen Saké; denn ganz abschlagen darf man nicht, da man sonst beleidigt. Schließlich kamen wir verspätet zum Versammlungslokal, dem Teehaus des Ortes. Die niedrige rauchige Stube mit dem Feuerplatz in der Mitte, spärlich erhellt von zwei elenden Lämpchen, war schon dicht besetzt. Nur mit Mühe konnten wir noch ein Plätzchen finden, um uns gleich den andern auf den Boden niederzulassen. Die Bauern schauten mich verwundert an; denn daß ein Fremder eine japanische politische Versammlung besucht, ist selbst in Tokio unerhört, geschweige denn im Innern des Landes. Die beiden Redner, zwei Soschi von Yokohama, hatten sechs Themata bekanntgegeben, über welche sie im ganzen etwa zwei und eine halbe Stunde lang sprachen. Der jüngere, ein Bursche von zwanzig und einigen Jahren, sah sich durch meine Anwesenheit veranlaßt, recht ausfällig zu werden. „Da macht man überall den Fremden den Hof," meinte er. „Da heißt es geehrter Herr Barbar hinten und geehrter Herr Barbar vorn. Da macht man die tiefsten Verbeugungen vor den Herren aus dem Westen. Aber wahrlich, freie Bürger von Großjapan haben das nicht nötig! Ist nicht Großjapan die größte Nation der Welt?" Ich gestehe es gern, mir war nicht wohl dabei zumute. Die Bauern aber empfanden solche Reden als eine große Unhöflichkeit gegen mich, schüttelten mißbilligend die Köpfe und sahen mich dann freundlich lächelnd an. Der Doktor aber, der mich als seinen Gast betrachtete, war über solche Roheit tief ergrimmt, und der genossene Saké tat noch ein Übriges, sein Blut in Wallung zu bringen. Die Versammlung nahte sich zum Ende, da sprang er auf und fing mit den beiden Soschi Händel an, da sie des Kaisers geheiligte Person angegriffen hätten. Ich hatte die Vorträge genau verfolgt und wußte, daß das nicht der Fall war. Dem Doktor aber war es nur um einen Vorwand zu tun, und was er wollte, gelang ihm: überraschend schnell sah ich engvorschlungen ein paar Gestalten am Boden sich wälzen und aufeinander loßschlagen — das erste und einzige Mal, daß ich in Japan eine solche Szene sah. Jetzt ward's mir unheimlich. Das Abenteuerliche der ganzen Lage — ein christlicher Missionar an der Seite eines buddhistischen Priesters unter dem Schutze eines angetrunkenen Quacksalbers in einem Bauerndorf im Innern Japans in einer von Soschi berufenen politischen Versammlung! — kam mir scharf und unbehaglich zum Bewußtsein. Rasch sprang ich auf, dem Ausgang zu. Meine ganze Not waren jetzt meine Schuhe. Die hatte ich der Sitte gemäß beim Eintritt ausgezogen und auf dem Flur gelassen. Zum Glück fand ich sie leicht und lief nun, was ich konnte, um aus dem Dorf hinauszukommen. Es war stockdunkel und der Weg war schlecht. Da hörte ich plötzlich jemand hinter mir rufen: "Kimi, kimi." "Kollege, Kollege!" Es war mein buddhistischer Stiefkollege, und beruhigt trabte ich mit ihm unserm Dorfe zu. Übrigens will ich noch, weil es nun einmal charakteristisch ist, hinzufügen, daß der Doktor am nächsten Nachmittag mit zerknirschter Miene zu mir kam und mich höflichst um Entschuldigung für seine "Roheit" bat. Auch mein geistlicher Nachbar war mitgekommen, und da er nun einmal ein eingebildeter Prahlhans war, so fing er sofort zu renommieren an, er habe mich am Abend zuvor gerettet!

Der Japaner ist früh reif. Bei keinem Volke der Erde trifft das Wort mehr zu: "Schnellfertig ist die Jugend mit dem Wort." Seine Frühreife und Schnellfertigkeit äußert sich auf allen Gebieten des Lebens und des Wissens, nirgends aber so sehr wie auf dem Gebiete der Politik. Der zwölfjährige Knabe fängt allen Ernstes zu politisieren an. Große Staatsmänner wie Okuma sind Inhaber von Schulen, in welchen sie den politischen Sinn direkt und indirekt geflissentlich fördern, um sich aus dem jungen Geschlecht Anhänger großzuziehen. Kein Land hat solche Scharen politisierender Burschen aufzuweisen wie Japan. Da sind Leute, die als Zeitungsschreiber, Politiker und Redner einen Ruf haben, man hat ihre Namen oft in der Zeitung gelesen und man verbindet mit ihnen ehrfürchtige Vorstellungen. Wenn man sie aber zufällig einmal kennen lernt, so sieht man zu seinem Erstaunen junge Leute, unter deren Nase ein noch unbestimmbarer Flaum dunkel auf die Möglichkeit eines zukünftigen Schnurrbartes hindeutet. Der deutsche Jüngling wagt es kaum, politische Ansichten zu haben; der japanische aber ist kühn genug, die seinigen zum Gegenstand öffentlicher Reden oder großer Leitartikel zu machen und mit dem größten Ernst, wie ihn nur eine ungeheure Selbstschätzung erzeugen kann, weißhaarigen Staatsmännern Vorlesungen über auswärtige Politik zu halten. Ich habe auf der Tribüne des deutschen Reichstags gesessen, und was mir bei dem Blick hinab auffiel, war die große Anzahl halber oder ganzer Kahlköpfe. Ich saß auch auf der Tribüne des japanischen Parlaments; aber nach Kahlköpfen oder auch nur nach grauhaarigen Abgeordneten habe ich mich hier vergeblich umgesehen.

Wenn aber trotz der vielfachen Unreife das Staatsgefüge doch nicht auseinander geht, so ist das auf die Gediegenheit der leitenden Männer und auf eine ganz vorzügliche Organisation zurückzuführen.

Die Japaner sind organisatorisch hervorragend veranlagt, und diese Anlage ist durch die bis in das kleinste Detail gehende Ordnung des Feudalstaats noch besonders ausgebildet worden. Wenn der letzte Krieg mit China auch nach vieler Leute Ansicht die rechte Feuerprobe für Japan noch nicht gewesen ist, so steht doch eines seitdem fest: die vortreffliche Organisation, das In- und Miteinanderarbeiten aller großen und kleinen Räder der japanischen Maschine. Auch im kleinen und kleinsten ist das organisatorische Geschick unverkennbar. Die Siegesfeste während des chinesischen Krieges waren in der Regel von sehr kurzer Hand vorbereitet, und doch nahmen sie stets einen gelungenen Verlauf. Auch auf kirchlichem Gebiet, in der Verwaltung einzelner christlicher Gemeinden und ganzer Kirchen, zeigt sich ihr großes Geschick.

Bei diesem ihrem organisatorischen Talent ist es nicht zu verwundern, daß sie auf dem Gebiete des Verkehrswesens Ausgezeichnetes leisten. Ihre Dampferlinien stehen auf der Höhe der Zeit und werden auch von europäischen Passagieren mit Vorliebe benutzt. Die Länge des Eisenbahnnetzes vermehrte sich während des letzten Jahrzehnts von sechzehnhundert auf mehr als viertausend englische Meilen. Die Zahl der Passagiere stieg von zwanzig auf hundertundzwanzig Millionen, die Menge der beförderten Güter von zwei auf fünfzehn Millionen Tonnen. Das Netz zieht sich allmählich über das ganze Land, und da die Japaner ein reiselustiges Volk sind, so rentieren die Bahnen trotz sehr mäßiger Fahrpreise sehr gut, wenn auch in bezug auf Geschwindigkeit noch vieles zu wünschen übrig bleibt.

Wir Deutsche sind stolz auf Post und Telegraph; in Japan war ich damit in keiner Weise schlechter bedient und hatte es zudem wohl noch um die Hälfte billiger. In Tokio kam der Postbote an manchen Tagen, z. B. an Neujahr, wo alle Welt sich zu beglückwünschen pflegt, wohl zehnmal in mein Haus, und selbst im Innern des Landes, sieben Stunden von der nächsten

Eisenbahnstation entfernt, erhielt ich zweimal täglich meine Post. Die Beförderung ist eine rasche, und selten habe ich einen Briefträger im Schritt gehen sehen; immer ist er in eiligem Laufen begriffen. Ich erledigte aus dem Innern des Landes wochenlang meine Korrespondenz, auch nach dem Ausland, und nie — während meines ganzen japanischen Aufenthaltes — ist mir ein Brief verloren gegangen. Ich schickte einmal an Neujahr eine Gratulationskarte an einen Japaner, aber unter ungenauer Adresse. Ende Februar erhielt ich den Brief zurück, beklebt mit zweiunddreißig Zettelchen. Die Postverwaltung hatte sich die Mühe genommen, den Brief an zweiunddreißig Adressen zu schicken. Die Arbeitskräfte sind billig, so daß der japanische Generalpostmeister nicht so zu sparen braucht wie der deutsche.

In dem Staatswesen ist nichts vergessen, was bei uns zur öffentlichen Wohlfahrt gerechnet wird. Das Polizeiwesen, um welches sich deutsche Ratgeber verdient gemacht haben, darf als mustergültig bezeichnet werden. Selbst der Fremde, der nach Japan kommt, vielleicht in dem Gedanken, hier noch unzivilisierte Verhältnisse anzutreffen, fühlt sich beruhigt, wenn er die Polizisten sieht, schmuck und sauber gekleidet, freundlich und entgegenkommend in dem Bewußtsein, daß sie die Diener und nicht die Herren der Gesellschaft sind. Die Feuerpolizei darf sich auch großstädtischen europäischen Einrichtungen dieser Art getrost an die Seite stellen. Wenn die Feuerwehr in Tokio auch nicht zu jeder Zeit aufgeschirrte Pferde bereitstehen hat, so ist sie mit ihren selbstgezogenen Spritzen doch nicht weniger prompt zur Stelle.

Auch die Gesundheitspolizei vervollkommnet sich mehr und mehr. Die Zahl der Ärzte beläuft sich auf nahezu fünfzig Tausend, von denen allerdings viele keine Hochschulbildung besitzen. Hunderte haben in Deutschland studiert. Apotheken gibt es 2700, Krankenhäuser mehr als 500. Um der Gesundheit der Bewohner willen scheut der Staat auch die größten Summen nicht. Ich hatte eine Schutzbefohlene, eine Deutsche, die bald nach ihrer Ankunft in Japan, von schwerer Geisteskrankheit befallen, in die städtische Anstalt für Irrsinnige in Tokio untergebracht worden war. Ich kam infolgedessen oft dahin, und wenn auch in Anbetracht der japanischen Lebensweise die Anstalt kein wünschenswerter Aufenthalt für mein Mündel war, so daß ich Sorge trug, daß sie in die Heimat verbracht wurde, so machte das, was ich dort sah und hörte, doch stets den besten Eindruck auf mich. Der Chefarzt hatte in Deutschland studiert und stand auf der Höhe der Wissenschaft. Die Geschäftsführung war, ohne umständlich zu sein, äußerst prompt.

Die Entwicklung der Rechtspflege stand anfangs unter französischem Einfluß. Das im Jahre 1880 erschienene Strafgesetzbuch trägt ganz die Züge des französischen „Code Pénal". Auch das Zivilprozeßrecht wurde zunächst dem französischen Ratgeber zur Begutachtung anvertraut. Nach zehnjähriger Arbeit wurde von demselben der Entwurf vorgelegt und von der Regierung zum Gesetz erhoben. Die Richter aber erkannten sofort, daß der Entwurf ganz und gar von dem französischen Rechte abhängig war und den japanischen Verhältnissen keine Rechnung trug. Mit diesem Augenblick war der französische Einfluß, nachdem er im Heerwesen schon vorher dem deutschen hatte weichen müssen, in der Rechtspflege, und damit in dem japanischen Staatswesen überhaupt, vollständig gebrochen. Einheimische Richter arbeiteten nunmehr mit deutscher Beihilfe ein neues Gesetz aus. Dasselbe nimmt zwar Rücksicht auf die eigentümlichen Verhältnisse Japans, ist aber im übrigen genau dem deutschen Rechte nachgebildet. Wie der langjährige Berater des japanischen Justizministeriums, der deutsche Professor und Landgerichtsdirektor Dr. Lönholm in Tokio sagt, ist es keine Übertreibung, zu behaupten, daß gegenwärtig auf der langen Inselkette von Formosa bis an die Grenze von Kamtschatka deutsches Zivilprozeßrecht gilt. Auch das Handelsgesetzbuch, von einem Deutschen verfaßt, ist seinem System nach deutsch. Dasselbe gilt von dem neuen Zivilgesetzbuch, und das französierende Strafgesetzbuch ist nach deutschem Muster umgearbeitet worden. Die Gesetze, wie sie jetzt im Gebrauch sind, können im allgemeinen als genügende Unterlage für eine gute Rechtsprechung betrachtet werden. Auch die Organisation des Gerichtswesens ist nach deutschem Muster geschehen. Die Zahl der Richter und

Anwälte ist verhältnismäßig klein, da die Prozeßsucht noch nicht im Volke eingerissen ist.

Die mustergültige Organisation von Heer und Flotte ist durch den japanisch-chinesischen Krieg genugsam bekannt geworden. Wohl haben sie auch hier ihre fremden Ratgeber gehabt und zwar anfangs französische und später deutsche; aber ebensoviel als sie hat der militärische Geist des alten Japan getan. Darin hat die neue Zeit keine Änderung hervorgebracht: das Kriegswesen ist das Steckenpferd des modernen Japan geblieben, für welches ihm kein Geld zuviel ist. Der Aufschwung, welchen die Flotte genommen hat, ist fast beispiellos. Dasselbe Land, welches vor vierzig Jahren noch kein Kriegsschiff besessen hatte, hat heute die viertgrößte Flotte der Welt. Als Soldaten sind die Japaner mutig und ausdauernd. So klein sie sind und so schmächtig sie aussehen, so sind sie doch zäh im Ertragen von Beschwerden. Europa wird gut tun, mit ihnen als mit ebenbürtigen Gegnern zu rechnen. Auch den Nebenapparat des Heerwesens hat Japan übernommen, so z. B. das Rote Kreuz, welches in der Kaiserin eine eifrige Gönnerin gefunden hat.

Trotz der großen Ausgaben, welche Heer und Flotte verursachen, sind die Staatsfinanzen geordnete. Das Jahresbudget ist auffallend klein. Die Verwaltungs- und Betriebskosten sind sehr gering. Die Beamtengehälter sind halb so hoch als bei uns. Ein auch nur annähernd so großes Budget wie das unsrige vermöchte das Land heute noch nicht zu tragen.

Am meisten durch Steuern belastet ist der Grund und Boden. Das ist um so mehr zu bedauern, als der Bauernstand in keineswegs glänzenden Verhältnissen lebt. Der Zinsfuß ist außerordentlich hoch. Unter zehn bis fünfzehn Prozent bekommt der Bauer kein Darlehen. Kleine Schulden wachsen daher sehr rasch an und die Folge ist, daß durch eine einzige Mißernte Hunderte von bäuerlichen Existenzen trotz der kärglichsten Genügsamkeit im Verlaufe weniger Jahre verderben. Im Bauernstand aber steckt die physische Kraft des Volkes, und die Regierung wird gut tun, alle Mittel anzuwenden, um diesen Stand vor dem Ruin zu bewahren.

3. Japan als moderner Kulturstaat.

Viel verheißungsvoller als die Lage der Landwirtschaft ist die des Handels und der Industrie. Die japanische Handelsmarine umfaßt gegenwärtig rund eine Million Tonnen. Sie ist in zehn Jahren um das Vierfache gewachsen. Fast in demselben Verhältnis haben Ein- und Ausfuhr zugenommen. Der Umschlag beträgt gegenwärtig über eine halbe Milliarde Yen. Der beste Gradmesser für das Wachsen der Industrie ist der Verbrauch von Steinkohlen. Derselbe ist innerhalb des Landes in den letzten zehn Jahren von zwei Millionen auf nahezu acht Millionen Tonnen gestiegen. Dazu kommt noch eine Ausfuhr von drei Millionen Tonnen gegen anderthalb Millionen vor zehn Jahren. Die erste Seidenfabrik wurde 1872 mit 200 Arbeiterinnen eröffnet. Heute gibt es 2500 größere Seidenspinnereien mit weit über hunderttausend Arbeiterinnen. Auch die Wollspinnereien und Webereien haben sich ungeheuer vermehrt und beschäftigen zusammen an 150 000 Arbeiterinnen und Arbeiter. In Osaka, wo in jedem neuen Jahre neue Schlote in die Lüfte emporsteigen, fertigt man Maschinen schwerster Konstruktion. Die Münze in Osaka gilt als eine der besten der Welt. Seine Eisenbahnwagen baut sich Japan jetzt selbst. Auch besitzt es eine Reihe großer und gut eingerichteter Werften und Docks. In Seide und Halbseide, Baumwollgarnen, Matten, Porzellanwaren, Streichhölzern, Steinkohlen, Kampher, Kupfer, Tee und Reis macht es dem europäischen Handel in Asien und Australien erfolgreiche Konkurrenz, und nicht lange wird es dauern, so werden viele dieser Produkte auf dem Markte zu London und Frankfurt angeboten werden. Japans wirtschaftliche Entwickelung stellt erst einen Anfang dar, und viel mehr wird man zu erwarten haben. Japan kann billig verkaufen, da die Arbeitslöhne immer noch nicht halb so hoch sind als bei uns.

Nach diesen Ausführungen im Zusammenhang mit dem, was über die Schule und das Erziehungswesen noch insbesondere zu sagen sein wird, leuchtet ein, daß es ein Unrecht wäre, Japan als Staat unter die anderen asiatischen Mächte einzureihen.

Seit lange ist es daher Japans heißes Bemühen gewesen, durch eine Revision der alten Verträge als gleichberechtigt in die Reihe der abendländischen Mächte aufgenommen zu werden. Seit 1870 hat es in der japanischen Politik, wenn wir von dem neuerdings aufgetretenen chinesisch-koreanischen Problem absehen, keine Frage von einschneidenderer Bedeutung gegeben. Schon die Iwakura-Gesandtschaft von 1872 hatte die Lösung dieser Frage zum Zwecke. In der Mitte der achtziger Jahre schien es, als sollten die Verhandlungen mit den Weststaaten zum Ziele führen. Japan wollte damals durchaus „europäisch" werden. In den besseren Kreisen fing man an, sich europäisch zu kleiden, ja selbst das Tanzen und Kartenspielen fand Eingang, und in der Regierung trug man sich eine Zeitlang mit dem Gedanken, dem Namen nach das Christentum anzunehmen. Aber trotzdem man so alle Steine des Anstoßes aus dem Wege zu räumen suchte, kam der Versuch der Vertragsrevision zum Scheitern. Jetzt schlug die Stimmung um, eine entschieden fremdenfeindliche Strömung bemächtigte sich der Massen. Dieselbe wurde von uns in unserem Berufe sehr schwer empfunden, sie hatte aber doch das Gute, daß sie die europäischen Frauenkleider mit Tanz und Kartenspiel wieder mit fortriß. Die Hauptschwierigkeit bei der Vertragsrevision machten die im Lande ansässigen Abendländer. Dieselben fühlten sich wohl unter ihrer Konsulargerichtsbarkeit und mißtrauten der japanischen Rechtspflege, wie auch dem Gefängniswesen. So zogen sich die Vertragsverhandlungen hin, und mehrere Ministerien kamen über ihnen zu Fall. Endlich, im Jahre 1898, kamen die neuen Verträge auf der Grundlage der **Gleichberechtigung** zustande. Japan war in das Konzert der Mächte eingetreten; damit hatte seine Entwicklung zum modernen Kulturstaat einen amtlichen Abschluß erreicht. England aber, in sehr kluger Politik, setzte darunter ein vollgültiges Siegel, indem es mit der neuen Macht ein Bündnis einging.

Man darf natürlich nicht annehmen, daß das japanische Volk mit dem modernen Staat schon vollständig innerlich verwachsen wäre. Vielmehr ist die Staatsmaschine, wie man sie auf japanischem Boden gestellt hat, mehr oder weniger noch ein Mechanismus geblieben. Aber die Maschine geht dank der hervorragenden Organisation recht gut, und mittlerweilen werden die

modernen Einrichtungen Zeit haben, sich in das Volk hineinzu=
leben. Das ist sicher, daß Altjapan für immer dahin ist. Damit
haben sich alle Japaner abgefunden. Die Vergangenheit ist tot,
mit vereinten Kräften schafft sich das Volk seine Zukunft.

4. Gebräuche und Lebensweise.

Die Japaner sind unsere Antipoden oder Gegenfüßler. Wenn
bei uns die Sonne am höchsten steht, wiegt man sich in Japan
schon im ersten Schlaf. Und umgekehrt, wenn es dort Mittag
ist, denkt bei uns der Hahn noch lange nicht an seinen ersten
Schrei. Je und je kam ich einmal in die Lage, ein Telegramm
nach Deutschland schicken zu müssen. Aus Rücksicht auf den
Schlaf meines deutschen Adressaten gab ich dasselbe immer erst
nach Mittag auf. Hätte ich es früher getan, so hätte ihn der
deutsche Telegraphenbote im Morgengrauen desselben Tages aus
den Federn trommeln müssen. Denn das Telegramm kommt in
Deutschland um vier bis fünf Stunden früher an, als es in Japan
abgeschickt wurde.

Aber nicht nur räumlich, sondern auch in vielen anderen
Beziehungen sind die Japaner unsere Antipoden. Dinge, die wir
uns gar nicht anders denken können, als wie sie nun einmal sind,
finden wir dort geradezu auf den Kopf gestellt. Es ist wie eine
verkehrte Welt, die sich hier auftut. Mache ich mit einem
Japaner einen Spaziergang, so läßt er mich als höflicher Mann
links gehen und nicht rechts, denn die Herzseite, die linke, ist in
Japan die Ehrenseite. Beobachten wir einen Japaner, wie er sich
in Galakleidung steckt, so bemerken wir mit Erstaunen, wie er
zuerst den langen Mantel (kimono) anzieht und danach die Hose
(hakama) oben drüber. Als wir unsere theologische Schule bauten,
mußte ich als Bauherr öfter einmal nachschauen. Da bemerkte
ich zu meinem Erstaunen, daß, ehe noch ein Fundament gelegt
war, die Zimmerleute einstweilen schon das Dach zusammensetzten,
wenn auch nur vorläufig, sozusagen zum Anprobieren. Nachdem
sie die Dachbalken numeriert hatten, legten sie sie wieder aus=

einander, um sie für später aufzuheben. Auch sonst sah ich manches Sonderbare auf dem Bauplatz. So ist z. B. das Beil des Zimmermanns nicht so angebracht, daß die Schneide in der Richtung des Stieles läuft wie bei uns, vielmehr ist sie quer zum Stiel wie bei einer Hacke. Die Schneide der Säge ist nicht nach unten gerichtet, sondern quer seitwärts gekehrt. Hobel und Beil handhabt man nicht so, daß man von sich weg arbeitet, vielmehr hobelt und haut man auf sich zu.

Ganz auffallend ist das gegensätzliche Verhältnis beim Lesen und Schreiben. Nimmt man ein japanisches Buch zur Hand, so steht da, wo wir den Titel suchen würden, das Wort „Ende". Man beginnt nicht vorn auf der ersten, sondern hinten auf der letzten Seite. Man liest und schreibt nicht von links nach rechts, sondern von rechts nach links. Überschriften gibt es nicht; denn die Titel stehen nicht über, sondern neben dem Text. Anstatt der Fußnoten hat man vielmehr Kopfnoten; denn die Anmerkungen sind nicht unten, sondern oben auf der Seite angebracht. Man liest und schreibt nicht quer über die Seite hin, sondern senkrecht von oben nach unten. Herr Mayer wird umgekehrt Mayer-Herr, Doktor Müller wird Müller-Doktor. Der Familienname kommt stets zuerst; der Vorname ist immer Nachname. Die deutsche Adresse: „Herrn Karl Schmitt, Kaufingerstraße Nro. 53, München, Deutschland" schreibt der Japaner genau umgekehrt: „Deutschland, München, Kaufingerstraße 53 Nro., Schmitt Karl Herr." Der 12. März des Jahres 1904 lautet dort: 1904. Jahr 3. Monat 12. Tag. Will man einen deutschen Satz in das Japanische übersetzen, so wird man immer gut tun, von hinten anzufangen. Wenn ich einen Japaner frage: „Regnet es nicht?" so sagt er „ja", wenn draußen die Sonne am klarblauen Himmel steht, also wenn wir unbedingt mit „nein" antworten würden.

Aber so sonderbar sich das und noch vieles andere anhören mag, so ist doch schließlich alles, wie man es gewohnt ist. Von seinem Standpunkt aus findet der Japaner natürlich unsere Art des Schreibens lächerlich eigentümlich. Kanimoji, Krabbenschrift, nennt er mit witzigem Spott unsere Schreibweise, weil sie quer läuft wie die Krabbe. Ihm kommen unsere geradeliegenden Augen

4. Gebräuche und Lebensweise.

nicht minder merkwürdig vor wie uns seine Schlitzaugen, und mancher japanischer Kuli mag beim Anblick der Lebensgewohnheiten des deutschen Professors, bei dem er im Dienst steht, zweifelnd den Kopf schütteln in dem stillen Gedanken: Je gelehrter, je verkehrter. Wenn man selbst jahrelang in dem Lande gelebt hat, so weiß man von dem allermeisten, daß es gar nicht anders sein kann, als es ist, so lernt man das Wort verstehen: Alles, was ist, ist vernünftig.

Von diesem Gesichtspunkte aus ist auch die alltägliche Lebensweise in Kleidung, Wohnung und Nahrung zu verstehen. Das Hauptkleidungsstück ist für Männer und Frauen das sog. Kimono, ein von der Schulter bis zu den Füßen reichendes Gewand, nicht unähnlich unserem Schlafrock. Die Ärmel des Kimono sind sehr weit; man benutzt dieselben als Taschen. Unter anderem verbirgt der Japaner dort sein Taschentuch, oder vielmehr sein Taschenpapier, da er seine Nase mit einem feinen Papier zu reinigen pflegt, das dann, wenn er sich unbeobachtet weiß, auf der Straße verschwindet. Der Kimono hat keine Knöpfe. Er wird durch einen Gürtel um die Lenden zusammengehalten. Derselbe ist in der Regel sehr breit. Bei den Frauen der besseren Klassen pflegt er sehr kostbar zu sein. Mit den Kleidern und besonders dem Gürtel wird großer Luxus getrieben, und dem japanischen Ehemann kommen die Kleider seiner Frau ebenso hoch zu stehen als dem deutschen. Eine feine japanische Kleidung macht einen ästhetisch schönen Eindruck. Im Winter zieht man mehrere und dazu wattierte Kimono übereinander an. So kommt es, daß dieselben Leute, welche im Sommer überaus schlank erscheinen, im Winter kugelrund werden. Die Füße sind bei den untern Ständen in der Regel nackt, ausgenommen im Winter; sonst sind sie mit leinenen Socken bedeckt. Schuhe und Stiefel kommen allmählich in Gebrauch, aber nur bei den besseren Ständen. Bei gutem Wetter zieht man Sori, eine Art Strohsandalen, an; bei schlechtem dagegen geht man auf einer Art hölzerner Stelzen einher, den sog. Geta, welche bis zu 10 und 15 Centimeter hoch sind, um sich vor dem mitunter allerdings bedenklichen Schmutz der Straße zu bewahren. Im Sommer trägt der Bauer und der Arbeiter

weiter nichts als einen Lendengurt. Das Eindringen europäischer
Gebräuche erzeugt oft komische Wirkungen. Zwar haben sich die
besseren Stände jetzt gut daran gewöhnt, und keiner mehr zieht
den Frack über die Beine oder setzt sich die Kravatte nach hinten.
Dagegen sieht man im Sommer hier und da Leute, welche nichts
weiter anhaben als ein europäisches Hemd oder eine Jacke, welche
nicht bis zu den Schenkeln reicht, oder auch nur eine Weste,
welche gerade Rücken und Brust bedeckt, und dazu etwa noch eine
Brille. Denn Brillen sind hier noch mehr Mode als selbst in
Deutschland. Kopfbedeckung pflegte man früher nur wenig zu
tragen. Die Frau kennt heute noch keine, abgesehen etwa von
einem Tuch im Winter. Die eigentliche Kopfbedeckung des Mannes
ist ein runder Lackhut, welcher wie eine umgestülpte Schüssel auf
dem Kopfe sitzt. Er steht dem Manne gut und hat zudem den
Vorteil, Regen und Sonne etwas abzuhalten. Europäische Mützen
und Hüte werden aber immer allgemeiner. Zum Schutze gegen
den Regen trägt der Arbeiter ein Stroh- oder Binsengeflechte um
die Schultern, im übrigen bedient man sich des Schirms. Derselbe ist nach chinesischem Muster aus geöltem Papier. Doch findet
auch hier der europäische Schirm immer mehr Eingang. Der
Bartwuchs des Mannes ist sehr schwach. Der Schnurrbart,
welcher zurzeit besonders beliebt ist, besteht gewöhnlich aus lächerlich wenig Haaren. Das Haupthaar trägt die Frau wahrhaft
künstlerisch aufgeputzt; es bildet ihren schönsten natürlichen Schmuck.
Der Mann trägt es jetzt meist nach europäischer Weise; früher
trug er es auf dem Scheitel zu einem Schopf zusammengebunden.
Glatt rasierte Köpfe sind besonders bei Kindern und Greisen
häufig. Bei Kindern sieht man die verschiedensten Frisuren.
Manchmal ist alles wegrasiert bis auf einige Büschel auf dem
Wirbel und an den Schläfen, oder der ganze mittlere Kopf ist
rasiert, so daß nur ein Kranz von Haaren daneben stehen bleibt,
oder auf dem Vorderkopf sind kleinere Stellen kahl geschoren.
Frauen wie Mädchen rasieren sich und zwar das ganze Gesicht
einschließlich Wangen und Stirn. Mädchen und Frauen pudern
sich stark, besonders auf den Gesichtern von Mädchen liegen oft
ganze Schichten von weißer Farbe, während die Lippen rot gefärbt

sind. Küssen tut der Japaner nicht, so daß das Anstreichen des Gesichts vielleicht nicht so ekelhaft sein mag. Die verheiratete Frau färbt sich die Zähne schwarz und rasiert sich die Augenbrauen ab, eine Sitte, die heute allerdings stark zurückgeht. Unter den Arbeitern und Handwerkern sieht man viele mit tättowierten Körpern. Reiche Leute lassen den Nagel des kleinen Fingers lang wachsen zum Zeichen, daß sie nicht zu arbeiten brauchen.

Das meist einstöckige Haus ist aus Holz. Die Böden sind mit dicken Strohmatten belegt, die Stelle des Glases an den Fenstern vertritt durchsichtiges Papier. Das japanische Haus ist infolgedessen das beste Brennmaterial, das man sich denken mag. In der Tat sind Riesenbrände in Tokio nicht selten, so daß man die Feuersbrunst die Blume von Jeddo genannt hat. Früher rechnete man, daß Tokio durchschnittlich in sieben Jahren einmal vollständig abbrenne. Heute ist das durch eine mustergültige Feuerwehr bedeutend besser geworden. Immerhin habe ich noch im Jahre 1892 am ersten Ostertag innerhalb von zwölf Stunden mehr denn fünftausend Häuser abbrennen sehen. Ich kam damals an der Brandstätte vorbei, und in demselben Tempo, wie ich ging, schlängelte sich neben mir hin an einem Bambuszaun entlang die Flamme. Aber ein paar Wochen später war von dem Brande nichts mehr zu bemerken. Brennen die Häuser leicht ab, so lassen sie sich doch auch rasch wieder aufbauen. Zudem bietet für den Fall eines Erdbebens oder eines Taifuns die leichte Bauart den Vorteil, daß die Häuser der andrängenden Gewalt etwas nachgeben können und daher eher biegen als brechen.

Begleiten wir einmal einen Japaner bei einem Besuch! Man braucht dazu keine besondere Stunde abzuwarten, da man zu jeder Tageszeit Besuche machen kann. Einmal, als ich um sechs Uhr morgens aus meinem Schlafzimmer trat, teilte mir mein Diener mit, daß schon seit einer halben Stunde jemand auf mich warte. Eines Tages hatte der Minister des Äußeren zu einem Diplomatenessen auf 8 Uhr eingeladen. Die Glieder der koreanischen Gesandtschaft kamen dazu um 7 Uhr und zwar morgens. Man deutete ihnen mit tausend Entschuldigungen und Verbeugungen an, das Essen sei erst am Abend. „O, das macht

nichts," sagten sie, „wir warten." Sprachen's und setzten sich
nieder. Die Geschichte mag übertrieben sein, aber sie ist bezeichnend.
In Ostasien dehnen sich Besuche ungebührlich lang aus. Wenn
der Japaner einmal sitzt, steht er so bald nicht wieder auf.
Manches Mal des Abends, wenn ich mich gerade in Ruhe auf
den Unterricht am nächsten Vormittag vorbereiten wollte, kam
japanischer Besuch, und dann durfte ich die Vorbereitung ruhig auf
die goldmundigen Frühstunden des nächsten Tages verschieben.

Man macht den Besuch nicht auf Schusters Rappen. In
Japan gilt das „Noblesse oblige". Wer es irgend machen kann,
fährt. Man würde anders auch, bei den Riesenentfernungen in
Tokio, viel zu viel Zeit verlieren. Man setzt sich in einen kleinen
Handwagen, Jinrikisha genannt, und läßt sich von einem Mann,
welcher Kutscher und Pferd in einer Person ist, ziehen. Die
Japaner sind die besten Schnelläufer der Welt. In stunden=
langem, ununterbrochenem Trab bringen sie einen schneller an
das Ziel, als ein Droschkengaul das könnte. Die Sache kommt
einem anfänglich wenig menschenwürdig vor, und sie ist es auch
nicht. Dort aber ist es eine selbstverständliche Sache, und
niemand, der Jinrikshamann am wenigsten, findet etwas dabei.
Es ist eine ebenso bequeme als billige Art der Beförderung, und
da durch Abschaffung dieser Institution mit einem Schlag Hundert=
tausende von Menschen brotlos würden, so ist ein Ende derselben
zumal bei dem mangelnden Ersatz durch Zugtiere nicht abzusehen.

Wenn der Wagenzieher (Kurumaya) an dem ihm bezeichneten
Hause angelangt ist, macht er Halt, und man steigt aus. Durch
eine sehr niedrige Türe kommt man mehr kriechend als gehend
in den Flur. Hier kündigt man sich durch ein laut gerufenes
„gomen nasai" oder „o tanomi moshimasu" („ich bitte ge=
fälligst") an. Bald darauf kommt eine Magd, welche auf den
Knieen die Visitenkarte, die hier ganz heimisch ist, entgegennimmt,
um dann mit derselben zu ihrer Herrschaft zu gehen. Nach zwei
bis drei Minuten, welche man dazu benutzt, seine Schuhe aus=
zuziehen, die man unter keinen Umständen mit in das peinlich
sauber gehaltene Haus nehmen darf, erscheint das Mädchen
wiederum, und auf den Strümpfen geht man dann durch eine

Schiebetür — Türen mit Schloß und Riegel gibt es überhaupt nicht — in das Empfangszimmer. Dort läßt man sich auf seine Kniee nieder und wechselt durch zwei= bis dreimaliges tiefes Verneigen, wobei die Stirne den Boden berührt, den üblichen Gruß mit den Anwesenden. Danach setzt man sich endgültig in Positur, nicht etwa auf einen Stuhl, denn den gibt es nicht, sondern indem man die Beine von den Knieen bis zu den Zehen auf die Strohmatten des Bodens legt und darauf seinen Körper setzt, und zwar so, daß man die Schenkel auf die Schienbeine zusammenklappt. Jetzt beginnt die Unterhaltung, und zwar un= fehlbar von dem Wetter ausgehend. Dann erkundigt man sich nach den Hausgenossen: „Wie ist das geehrte Befinden der hohen Herrin der inneren Gemächer?" „Danke, die dumme Frau ist wohl," lautet die Antwort. Die Unterhaltung bewegt sich zu einem großen Teil in lauter Phrasen. Die Menge von Redens= arten, welche dem Japaner über das Wetter, den Weg und andere naheliegende Dinge zur Verfügung stehen, rufen die Ver= wunderung des Europäers hervor. Die Unterhaltungssprache, deren wesentlichstes Element die Höflichkeit ist, ist eine Sprache für sich. Während des Gesprächs haben wir Zeit genug, uns im Zimmer umzusehen: außer einem Gemälde in einer Nische und einer Vase davor ist kein einziges Stück Möbel zu sehen, kein Tisch, kein Schrank, kein Ofen, kein Bett, kein Spiegel. Bald erscheint die Magd und bringt einen mit feiner Asche gefüllten Kübel, in welchem einige Holzkohlen glühen. Dieses ist der für Europäer freilich durchaus ungenügende japanische Ofen, welcher dazu dient, zu kochen, sich zu wärmen und die Tabakspfeife anzu= zünden. Dieselbe wir dem Besucher angeboten und alles beginnt, „den Tabak zu trinken", auch die Frauen. Die Pfeife ist lang, doch ist der Kopf so klein, daß man den darin gestopften Tabak mit einem oder zwei Zügen aufraucht. Der Japaner liebt Tabak; sein Pfeifchen trägt er stets bei sich. Nach dem Tabak wird in winzigen Tassen der Tee serviert. Er schmeckt ein wenig bitter, aber doch angenehm. Ein Zimmer im Hause ist wie das andere. Im Wohnzimmer wird meist auch geschlafen. Man breitet dazu einen wattierten Teppich auf dem Boden aus, legt ein oder zwei

Teppiche darüber, ein kleines Polster dahin, wo der Kopf zu liegen kommt, und das Bett ist fertig. Am nächsten Morgen räumt man wieder weg und alles ist wie zuvor. Im Sommer schläft man unter einem Netz zum Schutze gegen die Moskitos, kleine, blutsaugende Fliegen, welche zu den größten Übeln des Landes gehören. Das Haus zeichnet sich durch Sauberkeit aus. Aber der Japaner hält auch peinlich auf körperliche Reinlichkeit. Eine Badegelegenheit hat man in jedem Hause. Außerdem gibt es öffentliche Badeanstalten. Es wird weder kalt noch warm gebadet, sondern nur heiß, wirklich heiß.

Dreimal am Tage wird gegessen, morgens, mittags und gegen Abend. Das letzte ist die Hauptmahlzeit. Bei dem japanischen Mahl fehlt das, was wir in erster Linie für nötig halten, nämlich Fleisch, Brot und Kartoffeln. Nur bei den Gebildeten findet das Fleisch allmählich in bescheidenem Maße Eingang. Warum der Japaner kein Fleisch — und zwar reden wir hier nur von Rind-, Schweine- und Schaffleisch — ißt, weiß er selbst nicht mehr zu erklären, und wenn er bei einem europäischen Mahl in die Lage kommt, Fleisch zu sich zu nehmen, so tut er es anstandslos. Ursprünglich aber ist es zurückzuführen auf den Buddhismus, welcher verbot, Tiere zu töten und das umsomehr, als nach seiner Lehre von der Seelenwanderung die Seelen der Abgeschiedenen leicht in Tiere übergegangen sein können. Der Japaner ist also in gewissem Grade Vegetarier. Der Bauer und der Arbeiter hält sich beim Essen an die billigeren Getreidearten. Doch muß immerhin der Reis als der Hauptbestandteil der Mahlzeit bezeichnet werden, und wie wir von Morgen-, Mittag- und Abendbrot sprechen, so der Japaner von Morgen-, Mittag- und Abendreis. Neben dem Reis sind es eine suppenartige Fisch- und Muschelbrühe, roher und gebratener Fisch, Seetiere und Seegewächse aller Art, zuweilen auch ein wenig Huhn oder Wildbret, darunter auch Affen, einige Arten von Gemüse, Schwämme, junge Bambuswurzeln, eingemachte Rüben, eine Art süßer Kartoffel, als Dessert Bohnenkuchen und andere Süßigkeiten und zum Schluß Tee, welche die gewöhnlichen Speisen bilden. Mitunter trinkt man auch über das Essen ein Fläschchen

4. Gebräuche und Lebensweise.

Saké, ein aus Reis gebranntes alkoholisches Getränk von sherry-ähnlichem scharfem Geschmack, und nach dem Essen raucht man sein Pfeifchen und zwar Mann und Frau, junge Mädchen und alte Großmütterchen. Der Kuchen ist sehr schwer, die Gemüse sind nur halb gar gekocht, die allzu reichlich gebrauchte Shoyu-sauce gibt den Speisen einen eigenartig strengen Geschmack oder ein allzu starker Beisatz von Ingwer macht sie widerlich süßlich. Kuchen liebt der Japaner sehr. Eier gibt es bei dem gewöhnlichen Volk nur selten. Milch, Butter und Käse sind, da Viehzucht nicht getrieben wird, unbekannt. Daß der Europäer Käse ißt, ist dem Japaner verwunderlich, wie er denn überhaupt manches in unserer Lebensweise nicht zu verstehen vermag. Die Speisen werden jedem auf einem Servierbrett einzeln vorgesetzt. Man nimmt sie nicht mit Löffel, Gabel und Messer zu sich, sondern mit zwei hölzernen Stäbchen, welche in Gasthäusern nach einmaliger Benützung weggeworfen werden. Die Stäbchen erfordern große Geschicklichkeit in der Handhabung, da man sonst nichts bis zum Munde bringen kann. Flüssige Speisen werden geschlürft. Im allgemeinen ist der Japaner im Trinken wie im Essen sehr mäßig.

Dem Europäer mundet das japanische Essen schlecht. Wir hatten ab und zu einmal Besuch aus deutschen Marinekreisen. Das war immer eine besondere Freude, wenn deutsche Kriegsschiffe in Yokohama vor Anker gingen. Zwar waren es meist alte Schiffe oder kleine Kanonenboote, auf die man nicht sehr stolz sein konnte, so schmuck und blitzblank sie auch gehalten waren. Um so mehr taten wir uns etwas zu gut auf unsere wackeren Blaujacken. So stramm und schneidig wie sie sahen die der andern Nationen denn doch nicht aus! Gern folgte man der Einladung an Bord eines Schiffes, man freute sich, wieder einmal deutschen Boden zu betreten, und an der Seite des wettergebräunten Kapitäns und im Kreise immer fröhlicher Leutnants plauderte es sich am Tische der Offiziersmesse gar behaglich. Als Gegenleistung gaben wir dann hie und da ein japanisches Essen in einem guten Teehaus. Mit Freuden wurden die Einladungen angenommen. Denn wenn man in Japan war, so mußte man doch einmal japanisch gespeist haben. Aber bei dem Essen selbst hielt die Freude selten recht stand. Denn wenn unsere Gäste mit Mühe und Not einmal etwas bis zum Munde gebracht hatten, so wollte es durchaus nicht schmecken. Daher blieb in der Regel nichts anderes übrig, als sich nachher auf europäische Art ordentlich satt zu essen. Denn glücklicherweise ist der Ausländer nicht darauf angewiesen, mit der Speise der Einheimischen vorlieb nehmen zu müssen. Der Geschäftssinn hat dafür gesorgt, daß die Fremden mit ihrer gewohnten Nahrung versehen werden können. Tatsächlich speist man nicht allein in einem europäischen Hotel in Yokohama, sondern auch in einigen japanischen Gasthäusern im Innern, die wie in Miyanoshita, Nikko, Kamakura, Atami u. s. w. auf europäischen Verkehr eingerichtet sind, ebensogut wie irgendwo in Deutschland. Ja selbst ein frisches, gutes Glas Bier, in Tokio, Yokohama, Osaka u. s. w. von deutschen Braumeistern hergestellt, braucht man nicht zu entbehren. Da der ansässige Fremde außerdem in der Regel ein europäisch gebautes, behaglich eingerichtetes Haus bewohnt, in welchem er von Zeit zu Zeit seine Freunde bei sich zu Gaste sieht, so ist das Leben für ihn sehr wohl erträglich.

Auch bei den Japanern ist der Verkehr viel mehr häuslich als öffentlich. Gute Freunde besuchen sich in ihren Häusern, oder sie verabreden sich zur Blumenschau oder zum Theater. Wenn im Frühling die Pflaumen=, Kirsch= und Pfirsichbäume ihren Blütenflor entfalten, wenn im Herbste die Chrysanthemum blühen und die Blätter des Ahorn vor dem Sterben in leuchtendes Rot sich wandeln wie die Abendsonne, ehe sie hinabsinkt, dann pilgern ungezählte Scharen, Reiche und Arme, Junge und Alte hinaus, um des herrlichen Anblicks sich zu erfreuen. Da finden sich befreundete Familien und genießen gemeinsam ein paar harmlos fröhliche Stunden. Wirtshäuser in unserem Sinne, wo man zur Unterhaltung am Stammtisch zusammenkommt, sind unbekannt. Zwar gibt es eine Menge sogenannter Teehäuser, wo man Tee, Saké und neuerdings meistens auch Flaschenbier haben kann. Doch hält man in dieselben nur Einkehr zum Essen oder zum Übernachten, oder man läßt sich auf einige Minuten zur Erholung bei einem Schälchen Tee nieder. Die

Preise sind unbestimmt; hat man wenig verzehrt, so gibt man nach Belieben. Andernfalls bittet man um die Rechnung. Die Unsitte des Trinkgeldwesens herrscht hier mehr, als in irgend einem anderen Land. Viele Teehäuser sind Stätten der Unsittlichkeit. In manchen hält man zur Unterhaltung der Gäste Tänzerinnen und Harfenspielerinnen, die weltbekannten und weltberüchtigten Geisha (spr. Geescha). Das bischen Musik und Gesang der Geisha, für uns Europäer ohnehin nichts weniger denn ein Genuß, ist für den Gast ein äußerst kostspieliges Ding. Die Theater sind gut besucht. Das Spiel dauert von morgens bis abends; aber Zeit hat der Japaner immer, wenn es nötig ist. In den Theaterspielen fließt in der Regel viel Blut. Auch in sittlicher Beziehung sind sie meist schlüpfrig, so daß bessere Kreise sich fernhalten. Einige jedoch sind selbst nach unserem Geschmack gut.

Es wäre verkehrt, die japanische Sitte, welche einen ausgeprägten Charakter mit vielen anziehenden Zügen besitzt, europäisieren zu wollen. Eine Zeitlang war es unter den Frauen der besseren Stände Mode geworden, sich europäisch zu kleiden. Zudem hatten sich manche in äffischem Nachahmungstrieb die freien Manieren der Amerikanerin angeeignet. Die Folge war, daß mit einem Male der ganze Schmelz ihrer Erscheinung dahin war. Aus den Frauenblumen waren Frauenzimmer geworden, die nicht mehr anzuschauen waren. Nicht viel anders ist es bei den Männern. Die Exemplare geschniegelter Bürschchen, wie man sie bei uns so häufig sieht, werden stattliche Männer, sobald sie wieder ihre Nationaltracht auf den Leib bekommen. So mag denn die Sitte als ganzes ruhig bestehen bleiben; nur in einzelnen ihrer Züge bedarf sie dringend der Veredelung.

---

5. Charakter und Gemüt.

Es ist überaus schwierig, den sittlichen Stand der Bewohner Japans richtig einzuschätzen. Kaum jemals im Laufe der Geschichte sind die gleichen Leute so verschieden beurteilt worden, wie das bei den Japanern der Fall ist. Im alten Europa und

5. Charakter und Gemüt.

noch mehr in Amerika schaut man in unverhohlener Bewunderung auf dieses Volk, das in wenigen Jahrzehnten aus dem Nichts sich zu solcher Höhe erhoben hat, und wenn man dasselbe auch nicht persönlich kennt, so glaubt man sich doch zu dem Schlusse berechtigt, daß in ihm eine gewaltige sittliche Kraft stecken müsse. Die weit überwiegende Mehrzahl der in Japan ansässigen Europäer dagegen hat für den Charakter der Japaner nichts weiter als Verachtung. Wie löst sich dieser Widerspruch? Ist er überhaupt lösbar?

Von Europa aus betrachtet man sich naturgemäß nur das Volk, nicht die einzelnen Individuen, in Japan dagegen drängen sich dem Beobachter die einzelnen so sehr auf, daß er das Volk dabei übersieht. Nun ist aber zwischen dem Volk und dem einzelnen tatsächlich ein himmelweiter Unterschied. Konfuzius, der große Erzieher der Ostasiaten, hat sich fast ausschließlich nur um Volk und Familie, fast niemals aber um den einzelnen gekümmert. Die ostasiatische Sittenlehre hat nur die Sozialethik ausgebaut, das ganze weite Feld der Individualethek hat sie liegen lassen. Die Folge davon ist eine hervorragende Ausbildung der **sozialen Tugenden** und eine auffallende Verkümmerung des **Charakters des einzelnen**. Je nachdem man nun sein Augenmerk auf das Volk oder auf den einzelnen richtet, wird man zu genau entgegengesetzten Urteilen über die Japaner kommen müssen. Jedes von beiden einzeln für sich ist gänzlich einseitig; beide zusammen, wohl ineinander gefügt und organisch verbunden, ergeben die Wahrheit.

Nun soll von den sozialen Tugenden bei der Betrachtung der Familie und des Vaterlandes (in Kap. 10 u. 11) gesprochen werden. In diesem Kapitel reden wir lediglich von der Individualethik und dem Charakter des einzelnen. Man muß also von vornherein erwarten, daß zu dem Charakterbild, wie wir es hier zu entwerfen haben, mehr dunkle als lichte Farben aufgewendet werden. Man darf aber auch nicht vergessen, daß dasselbe noch nicht das ganze Charakterbild ist, sondern daß dasselbe, durch die sozialen Züge ergänzt, eine wesentlich freundlichere Tönung erhalten wird.

Die eine große Nachtseite japanischen Wesens ist das System des falschen Scheins oder auf gut deutsch **die Lüge**. Es ist

5. Charakter und Gemüt.

eine eigentümliche Erscheinung, wie durch alle heidnischen Völker die Lüge als das charakteristischste Merkmal hindurchgeht, und man kann es nur als eine tiefsinnige Erkenntnis bezeichnen, wenn die Bibel den Satan als den geistigen Beherrscher des Heidentums den Geist der Lüge nennt. Für uns gibt es nichts, was uns so in der innersten Seele verhaßt wäre wie die Lüge, und daraus erklärt sich die Abneigung, welche so viele in Japan ansässige Europäer gegen die Japaner hegen.

Der Japaner ist anders, als er sich gibt. Vor der Öffentlichkeit spielt er seine Rolle, und er spielt sie vorzüglich; hinter den Kulissen aber ist er ein anderer. Er ist Meister in der Verstellungskunst und besitzt eine außerordentliche, durch jahrhundertelange Gewöhnung künstlich anerzogene Selbstbeherrschung. Es ist unmöglich, ihm vom Gesicht abzulesen, was er im tiefsten Herzen sinnt. Auch in Worten verrät er sich nicht. Er ist zurückhaltend, nicht mitteilsam, er ist verschlossen, nicht offen. Ein japanischer Gelehrter bezeichnet als eine nationale Tugend seiner Landsleute, daß sie offen und geradeaus seien. Diese Behauptung ist nur ein Beweis mehr für die alte Erfahrung, daß für einen Menschen nichts schwerer ist, als sich selbst erkennen, oder, wie der Japaner selbst in einem treffenden Sprichwort es ausdrückt: todaimoto kurashii: am Fuße des Leuchtturms ist es dunkel. Der Japaner ist nichts weniger als offen. Er ist in seiner Verfahrungsweise indirekt. Kaum irgendwo spielt die Zwischengängerei eine solche Rolle wie hier, nicht bloß in Heiratsgeschichten, sondern in allen möglichen Dingen. Seine Urteile sind nicht geradeheraus, sondern umschreibend, seine Fragen gehen nicht direkt auf die Sache los, sondern hinten herum. Ich war einmal in der Lage, einen Lehrer für unsere Freischule engagieren zu müssen. Ich übertrug die Regelung der Sache einem meiner Studenten, nachdem ich ihn vorher instruiert hatte. Binnen kurzer Zeit kam er mit der Nachricht, daß die Sache erledigt sei. Ich fragte ihn, wie er denn mit dem neuen Lehrer einig geworden sei. „Nun," sagte er, „ich ging zu ihm hin und fragte ihn: wenn Sie eine Schule hätten und müßten einen Lehrer anstellen, was würden Sie dem wohl für ein Gehalt geben? Darauf besann er sich ein wenig und nannte dann eine Summe, und ich bat ihn darauf, um diese Summe als Lehrer bei uns einzutreten." Der Japaner spricht mit dem gleichgültigsten Gesicht über die gleichgültigsten Dinge von der Welt, so daß man sich fast verwundern möchte über die inhaltslose Unterhaltung. Wenn er sich aber empfiehlt, weiß er, was er hatte wissen wollen, und der harmlose Europäer ist der Gefoppte. Er ist der geborene Diplomat, wie das vom Ostasiaten überhaupt gilt, und die Vertreter der europäischen Mächte dürfen all ihren Witz zusammenhalten, um nicht unbewußt die Spielbälle der japanischen Staatsmänner zu werden. Die europäische Macht, welche ihren Gesandtschaftsposten in Tokio als eine Art Sinekure betrachtet und an mittelmäßige Kräfte vergibt, ist übel beraten. Die neuen Verträge, welche Japan mit den europäischen Mächten auf der Grundlage politischer Gleichberechtigung abgeschlossen hat, wie auch der Bündnisvertrag mit England und die gegenüber China betriebene Politik, sind wahre Meisterstücke der Diplomatie, welche dem fähigsten europäischen Staatsmanne zur Ehre gereicht hätten.

Die Maske eines unschuldigen, harmlosen Kindes ist dem Japaner zur zweiten Natur geworden. Oft aber ist es ein von ihm beabsichtigter Schein, und dann wird er zum Heuchler. Im Verkehr mit dem Europäer ist er stets freundlich. Auch wenn er gerechten Grund zum Zorn hat, bleibt er ruhig, gleichmütig, liebenswürdig. Aber Tatsache ist, daß er eher Abneigung als Liebe gegen den Fremden im Herzen trägt. Wenn sie unter sich sind, zumal in der Presse, die nur von sehr wenigen Europäern gelesen werden kann, kommt die verborgene Abneigung zum Vorschein. Hinter der Maske birgt sich in der Regel ganz etwas anderes. Die Ähnlichkeit mit Reineke Fuchs ist mitunter eine auffallende. Gerade wenn er am liebenswürdigsten tut, schmiedet er im geheimen die Waffen des Verderbens. Wenn er etwas erreichen will, gibt er Geschenke. Nirgends wird so viel verschenkt wie in Japan. Wie habe ich mich an Weihnachten gefreut, wenn man mir in voller Blüte stehende Miniaturpflaumenbäumchen in das Haus brachte! Wie nett sahen sie aus und wie lieblich durchströmte ihr Duft das Zimmer: mitten im Winter eine Verheißung des

5. Charakter und Gemüt.

Frühlings! Es waren Gaben der Dankbarkeit und der Liebe. Einmal aber, als der Frühling in das Land gezogen kam, war meine Freude beim Anblick zweier unter ihnen keine ungetrübte mehr. Da hatte auch ich die Erfahrung gemacht, daß man durch die Annahme solcher Geschenke, ohne es zu wissen, die Erlaubnis gegeben hat, sich anpumpen oder auf irgend eine andere Weise über den Löffel barbieren zu lassen. Ich möchte nicht mißverstanden sein: ich habe sehr viele Geschenke erhalten, die in der freundlichsten Absicht ohne jede eigennützigen Hintergedanken gegeben worden sind. Aber Vorsicht wird doch nie schaden.

Man hat den Japanern direkt Verlogenheit zum Vorwurf gemacht; man hat gesagt, die Lüge werde nicht einmal als ein sittlicher Makel betrachtet und empfunden, selbst der Sprache fehle ein treffendes Wort zur Bezeichnung der Lüge als eines moralischen Defekts. Japanischerseits hat man dagegen erwidert, gerade der Umstand, daß kein entsprechender Ausdruck für Lüge vorhanden sei, sei ein Beweis dafür, daß dieses Laster in Japan überhaupt nicht existiere, daß es den Japanern fremd sei und ferne liege. Keine von beiden Behauptungen trifft den Nagel ganz auf den Kopf. Der Japaner ist im Lügen ebensowenig offen und geradeaus wie im Sagen der Wahrheit. Eine dreiste, freche Lüge geht ihm ebenso wider den Strich, wie eine rücksichtslose, ehrliche Wahrheit. Wohl aber ist zu bedenken, ob nicht das ganze System des falschen Scheins eine einzige große Lüge und Verlogenheit ist.

Freilich der ganze scharfe Maßstab unserer Sittlichkeit darf an die japanische Verlogenheit nicht angelegt werden. Das gegenwärtige Geschlecht ist für dieselbe wenig verantwortlich zu machen. Sie hat sich zu ihrer heutigen Ausprägung herausgestaltet durch die Verhältnisse der Feudalzeit, da das Volk rücksichtslos dem Druck von oben ausgesetzt war, da einer den andern mißtrauisch beobachtete und das Spionieren großgezogen wurde. Man sollte daher die Verlogenheit vielleicht ebensosehr eine schlechte Sitte als einen bösen Charakterzug nennen.

Der Japaner ist unberechenbar wie die Vulkane des Landes. Er ist durch und durch Sanguiniker. Er besitzt alle Tugenden und alle Mängel des sanguinischen Temperaments. Er ist leicht empfänglich für alles, rasch sich begeisternd, mit großem Interesse für alles Mögliche; aber auch ebenso oberflächlich, flatterhaft und wankelmütig. So schwerfällig der Chinese ist, so leicht beweglich der Japaner. Die Charakterzeichnung, welche Cäsar von den alten Galliern gibt, paßt auch auf die heutigen Japaner. Ritterlicher Sinn, Großmut, Ehrgefühl, Liebe zu den Waffen, Neigung für das Glänzende, Leichtfertigkeit, Parlierkunst, Phrasenhaftigkeit und was Cäsar sonst anführt, gilt hier wie dort. Dieselben Leute, deren Land nach seiner ganzen Lage als das England Asiens bezeichnet wird, hat man nicht mit Unrecht die Franzosen des Ostens genannt. Sie sind es, nur mit dem Unterschied, daß sie Selbstbeherrschung üben und nach ihrem Sprichwort: „Ein rasches Wort, einmal aus dem Munde, bringen vier Pferde nicht wieder zurück," das Herz nicht auf der Zunge tragen, was bei ihrem Temperament nicht leicht ist und nur durch strengste Gewöhnung erreicht werden konnte. Rasch ist der Wechsel. Wie die Vulkane des Landes Jahrzehnte lang ruhen, um dann mit einem Male auszubrechen, wie mitten aus der größten Ruhe urplötzlich ein schrecklicher Taifun sich erhebt, so mag am politischen oder sozialen Horizont am Abend zuvor noch alles ruhig sein, am nächsten Morgen aber befindet sich das ganze Volk in Bewegung und Aufruhr. Das ist nicht ein ruhig fortschreitender Strom, das ist vielmehr wie Ebbe und Flut des japanischen Meeres. Es fehlen die Übergänge, es fehlt die ruhige Entwicklung.

Die Japaner sind bekannt als Schlangen= und Kautschuk= menschen im Sinne ausgezeichneter Akrobaten und Jongleure, sie sind aber auch Schlangenmenschen im geistigen Sinne, biegsam und geschmeidig, ein Volk, welchem ein festes gerades Rückgrat fehlt. Alles nehmen sie leicht. Nicht als ob sie es zuvor nicht überlegten; aber mehr als das Sprichwort: „Erst wäg's, dann wag's" gilt ihnen das andere: „Frisch gewagt ist halb gewonnen." Sie besitzen eine leichtgeschürzte Energie und einen frischmutigen Unternehmungsgeist. Bei größeren Unternehmungen in Deutschland bedarf es erst geraumer Zeit und Erwägung. Wenn in einer Stadt hier der Gedanke an die Einführung einer elektrischen Straßen=

5. Charakter und Gemüt.

beleuchtung zum erstenmal auftaucht, so mag noch mancher Tropfen Wasser den Rhein hinabfließen, ehe der Plan zur schließlichen Ausführung kommt. In Japan geht so etwas über Nacht.

Schon hat man die Sozialdemokratie auf japanischen Boden gepflanzt, nicht weil ein Bedürfnis vorhanden war, — denn die japanischen Arbeiter sind ganz zufrieden —; sondern damit man auch das Neueste zu besitzen sich rühmen darf. In allem Ernste darf jetzt der „Vorwärts" von dem „Genossen" Katayama schreiben, daß er in der sozialdemokratischen Presse Japans sich namens seiner Partei gegen einen Krieg mit Rußland erklärt habe. Schon ist eine japanische Dampferlinie nach Europa eröffnet, und an das große Problem der Gold= und Silberwährung legt man frischmutig die Hand an.

Japan ist das Land der Überraschungen. Es ist un= möglich, hier den Propheten zu spielen. Wie überraschend kam der japanisch=chinesische Krieg. Kurz zuvor hätte niemand auch nur entfernt daran gedacht, ausgenommen die japanische Regierung selbst; und zwar nicht bloß unter den Laien, sondern auch unter den Diplomaten. Denn kaum ein Jahr zuvor hatte Deutschland das ostasiatische Geschwader aufgelöst, um die deutsche Vertretung unter den vierhundert Millionen Menschen Ostasiens dem kleinen Kanonenboot Iltis, das mittlerweile verloren ging, und dem nicht größeren, unterdessen marode gewordenen Wolf zu überlassen. Ein solches Vorgehen, wenn auch wegen Mangel an Schiffen notwendig, war an und für sich schon gewagt; es wäre aber geradezu unverantwortlich gewesen, wenn damals irgendwelche, auch nur entfernte Anzeichen auf Krieg gedeutet hätten. Die Japaner hatten wieder einmal verstanden, die Welt zu überraschen.

Nirgends ist Stetigkeit, nirgends ruhiges Fortschreiten, überall Sprünge, das Fallen von einem Extrem in das andere. Während vor dreißig Jahren der Absolutismus die einzige politische An= schauung war, die man kannte, ist heute das ganze Volk ange= steckt von den Gedanken der Demokratie. Während man damals noch auf die Autorität des Buddha und Konfuzius schwor, ist man es heute gewöhnt, ihrer zu spotten. Während man damals in tiefer Ehrfurcht zu den Füßen seiner Lehrer saß und ihren

Worten lauschte als einer höheren Offenbarung, wird heute der
Lehrer von dem Schüler gemeistert. Es ist ein Radikalismus
des Denkens, wie man ihn bei keinem andern Volke trifft. Wohl
mag ein gut Teil des radikalen und unsteten Charakters zurück=
zuführen sein auf die knabenhafte Unreife, auf die Unfähigkeit
des Sklaven, die ihm soeben geschenkte Freiheit recht zu benützen.
Aber im wesentlichen ist sie begründet in der Eigentümlichkeit des
japanischen Wesens.

Wer die Japaner über die Straßen von Tokio hinwandeln
sieht, alle Hast vermeidend, langsam und bedächtig, als hätten sie
Zeit im Überfluß, allem Anschein nach in harmloser Gedanken=
losigkeit, eine lebendige Illustration von dem Dichterwort: „und
nichts zu suchen, das war mein Sinn"; wer sie beobachtet bei
ihren Blumenfesten, zufrieden und heiter, als gehe sie die ganze
Welt mit ihren Pflichten und Sorgen nichts an: der ist versucht,
sie mit der Kirschblüte zu vergleichen, die in der Morgensonne
ihr Dasein verträumt. Und es gibt gute Beobachter des japa=
nischen Lebens, welche meinen, daß diese Betrachtungsweise die
richtige sei; wenn sich im großen Getriebe heute allerdings eine
unverkennbare, unruhige Geschäftigkeit bemerkbar mache, so sei das
eher die Folge einer gewissen Nervosität, als eines angeborenen
Temperaments. Nun wäre es ja freilich kein Wunder, wenn die
Japaner bei all dem Neuen, das in der jüngsten Vergangenheit
auf sie einstürmte, nervös geworden wären. Der Japaner mit
dem, was er in den letzten Jahrzehnten erlebt hat, ist dem un=
glücklichen Provinzbewohner zu vergleichen, der sich für ein paar
Wochen in der Großstadt vergnügen will und von seinen dortigen
Freunden erbarmungslos von einem Museum zum andern, von
einer Gemäldegalerie zur andern geschleppt wird. Da gehören
eiserne Nerven dazu. Der Japaner hat aber in zweiundeinhalb=
hundertjähriger Ruhe seine Nerven derartig gestählt, daß er trotz
seines prickelnden Temperaments den Eindruck eines Menschen
ohne Nerven macht. Nervosität ist es nicht, was die heutige un=
ruhige Geschäftigkeit verursacht. Wohl ist in den Jahrhunderten
zuvor von dieser Geschäftigkeit nichts zu bemerken. Aber das ist
leicht erklärlich. Das Land war von jedem Verkehr mit der

5. Charakter und Gemüt.

Außenwelt abgeschlossen, die Leute hatten keine Bedürfnisse, jede selbständige Tat wurde verhindert: was blieb da anderes übrig als ein Leben in Beschaulichkeit? Zu tun gab es auch beim besten Willen nicht mehr als nötig war, das Leben zu fristen; und das besorgt bei einiger Nachhilfe der fruchtbare Boden reichlich genug. Da blieb denn immer noch das Vernünftigste, was man tun konnte, auf seinen Strohmatten zu liegen und zu schlafen oder hinauszugehen und in ruhiger Heiterkeit die Natur anzuschwärmen. Sobald aber die eiserne Faust, die die Volksseele darniederhielt, gewichen war, schnellte die Seele elastisch empor, um noch ein ganz anderes Angesicht als ein beschauliches zu offenbaren. Der Wechsel auf allen Gebieten des Lebens, das Interesse für das neue in allen Schichten der Bevölkerung ist zu radikal, als daß hier nicht die Wahrheit des japanischen Temperaments liegen sollte. Die äußere Ruhe des Japaners ist noch eine Nachwirkung der Gewöhnung aus der alten Zeit des Schlafes, die innere Geschäftigkeit aber im ganzen öffentlichen Leben ist das Wahre. Die Ruhe der Feudalzeit war künstlich, die Bewegung der Jetztzeit ist das Natürliche. Der Japaner wird nie aufhören, sich der heiteren Seiten des Lebens zu freuen; nennt man doch das sanguinische Temperament das genießende! Aber geschäftig tätig wird er dabei bleiben.

Die sprunghafte, impulsive Art des Japaners, sein ganzes ungefestigtes Naturell hat zur Folge, daß ihm der schwere sittliche Tadel der Unzuverlässigkeit nicht erspart werden kann. Es werden in dieser Beziehung häufig Vergleiche zwischen Japanern und Chinesen angestellt, welche in den europäischen Handelskreisen Ostasiens immer zu Ungunsten der ersteren ausfallen. Der Chinese ist Phlegmatiker und darum besitzt er die Tugend der Treue und den Vorzug der Vertrauenswürdigkeit. Er ergreift nicht leicht etwas, was ihm fremd ist; was er aber einmal ergriffen hat, hält er fest, und von seiner einmal gemachten Zusage geht er nicht ab. Der frühere Leiter der größten englischen Bank in Yokohama hat ausgesprochen, daß er auf der ganzen Welt niemand kenne, dem er eher vertraue als dem chinesischen Kaufmann und Bankier; seine Bank habe in fünfundzwanzig Jahren Geschäfte mit Chinesen in der Höhe von Hunderten von Millionen Dollars gemacht; aber niemals habe er einen betrügerischen Chinesen gefunden. Dagegen herrscht über die Unzuverlässigkeit des japanischen Kaufmanns nur eine Stimme der Klage. Er bestellt bei einer fremden Firma, und wenn die Ware kommt, so nimmt er sie nicht ab oder er sucht trotz vorheriger Vereinbarung den Preis herabzudrücken. Er hat beständige Ausflüchte und selbst durch einen schriftlichen Kontrakt fühlt er sich nicht gebunden. In den großen fremden Handelshäusern in Yokohama und Kobe sind die gewöhnlichen Arbeiter Japaner, als Aufseher an der Spitze aber stehen Chinesen. Man hat die geschäftliche Unzuverlässigkeit des Japaners geschichtlich erklären wollen. In der Feudalzeit waren Handel und Geldgeschäfte die ausschließliche Domäne der unteren Kasten, während der Gelehrten- und der Kriegerstand darauf als auf gemeine Beschäftigungen mit Verachtung herabsahen. Von früh auf war es ihnen eingeimpft worden als unantastbarer Grundsatz der Moral: „Geld ist das letzte, darnach ein Mensch trachten sollte; Reichtum ist der Feind der Weisheit." Da konnte es nicht ausbleiben, daß der kaufmännische Stand moralisch herabsank und daß der Handel nur ausgeübt wurde von solchen, die auf Ehre nicht viel hielten. Zweifellos trägt das an dem gegenwärtigen Stand der Dinge einen Teil der Schuld, während allerdings die letzte Ursache in dem unruhigen sanguinischen Temperament zu suchen ist.

Doch hat dieses Temperament auch gutes im Gefolge. Auf ihm beruhen die Tugenden der Empfänglichkeit und Eindrucksfähigkeit, welche die Hauptquellen der sympathischen Züge einer ästhetischen Lebensführung sind. Die Japaner verstehen es, sich liebevoll an etwas hinzugeben; aber sie sind gleicherweise bedacht, sich nicht zu verlieren und sich selbst zu behaupten. Sie haben Stolz und Selbstbewußtsein, sie werfen sich nicht weg. Wie sie ästhetisch äußerlich auf sich halten, so auch innerlich. Servilität und kriechende Unterwürfigkeit ist ihnen fremd und kann ihnen nur von dem angedichtet werden, der ihre Höflichkeit mißversteht. Sklavischer Sinn mit all seinen unschönen Begleiterscheinungen eignet ihnen nicht. Sie wissen, was sie sind und was sie können, sie wissen es manchmal nur zu sehr. Sie verfallen darum leicht in Eitelkeit, Selbstüberschätzung und Großmannssucht.

Der Japaner möchte mehr scheinen, als er ist. Kaum hat der Knabe seinen Einzug in die höhere Schule gehalten, so muß auch eine Brille her, damit er ein gelehrtes Ansehen gewinnt. Ein Kneifer würde ihm freilich noch besser gefallen, aber für den ist die japanische Nase leider nicht gewachsen. Bei seinem Tun und Handeln fragt er nicht so sehr nach den ewigen Gesetzen der Moral, als nach dem Urteil der Welt. Die ganze Kulturwut der letzten Jahrzehnte erklärt sich zum Teil aus seinem Ehrgeiz, vor den Augen der Welt bestehen und den Vergleich mit Europa aushalten zu können. Humane Anwandlungen, wie die menschliche Behandlung der Kriegsgefangenen, sind weniger auf einen tiefen sittlichen Kern zurückzuführen, als vielmehr auf die Frage: Was würde Europa dazu sagen, wenn wir es anders machten! Man muß vorsichtig sein, ihm solches als moralisches Verdienst anzurechnen: es ist in vielen Fällen nichts anderes als Tünche, schöner Anstrich, um die Augen der Beschauer zu bestechen, nichts anderes als äußerliche Anpassung.

Das Geld gilt ihm nichts, die Ehre alles; den Geldgeiz verachtet er, der Ehrgeiz beherrscht ihn. Er ist eher verschwenderisch als habsüchtig. In Geldsachen besitzt er eine hervorragende Noblesse. Der Diebstahl, wenn er natürlicherweise auch vorkommt, ist doch seiner Natur fremd. Ich hatte alle meine Sachen unverschlossen, selbst kleinere Geldbeträge; nie ist mir etwas abhanden gekommen, ausgenommen Bücher. Nur vor Wegleihen soll man sich hüten. Der Materialismus, mit welchem sein Geistesleben behaftet ist, äußert sich nicht in der Gier nach materiellen Schätzen oder auch nur nach einem genußreichen Leben. Mammonanbeter sind sie nie gewesen, und auch den Bauch haben sie nicht zu ihrem Gott gemacht.

Nach Ruhm geht des Japaners Streben. Wenn auch seine gesunden Sinne ihm sagen, daß sein Vaterland hinter mancher anderen Macht zurücksteht, sein Ehrgeiz redet ihm ein, daß Japan doch die erste Nation der Welt sei. Ich habe einen Studenten der Theologie gekannt, der von Lessing nichts wußte, als was er hier und dort in englischen Büchern über ihn gelesen hatte: er schrieb ein Buch über Lessing. Gekauft hat es niemand, er aber hatte die Genugtuung sich gedruckt zu sehen. Wie überall, so auch hier: in inniger Verbindung mit der Eitelkeit der Mangel an Tiefe, die O b e r f l ä c h l i c h k e i t. Ich kannte einen anderen, der in der deutschen Rechtsschule durchgefallen war und dann vorüber= gehend, durch Vermittlung eines Gönners, Anstellung auf dem Hauptpostamt gefunden hatte; eines Tages teilte er mir mit, daß er gegenwärtig in Pädagogik mache und Lesebücher für alle Klassen der Volksschule schreibe. Ein dritter Bekannter, ein junger Mann, der nicht einmal eine fremde Sprache kannte, gab eine Zeit= schrift heraus, welche den Unterricht der Chugakko, des Progym= nasiums, ersetzen und die Abonnenten nach einer Reihe von Jahren auf die Höhe der Bildung eines Abiturienten bringen sollte, die er aber selbst nicht besaß. Was die Leute dazu treibt, ist die Groß= mannssucht. Man will sich einen Namen machen, man will glänzen.

Der Selbstvergrößerung entspricht die Verkleinerung des andern. Ich habe von einem jungen Mann erzählt, daß er ein Buch über Lessing schrieb. Was er schrieb, war alles abgeschrieben. In seinem Buch aber verrät er davon nichts. Er selbst will groß erscheinen, seine Vorlagen aber verleugnet er. Er möchte alles selbst getan haben, das Verdienst des andern sucht er für sich zu übersehen, für dritte zu verdecken. Es ist ihm eine peinliche Empfindung, sich jemand verpflichtet zu wissen. Er wird zu dem, was man im besten Sinne undankbar nennt. Das Wort für Dank trägt er unendlich viel auf seinen Lippen, aber die Sache ist seinem Herzen nicht so vertraut. Seine Dankbarkeit ist eine formelle Zeremonie, nicht so sehr eine Sache des Herzens; und der ge= bräuchliche Ausdruck für Danksagen „rei wo iu" bedeutet eigent= lich „der Etikette genügen".

Es ist eine durchgehende Klage, daß man die fremden Be= amten und Lehrer ausnutze bis auf das letzte, um sie dann gleich ausgepreßten Zitronen achtlos beiseite zu werfen. Man benutzt sie, solange man noch etwas von ihnen lernen kann; aber die Anerkennung versagt man ihnen. Von manchem, was Europa heute an Japan abgibt, wird schon die kommende Generation be=

5. Charakter und Gemüt.

haupten, daß dasselbe ursprünglich japanisch sei. In einer großen Versammlung hörte ich aus dem Munde eines hervorragenden Christen, daß die Missionare nichts Neues bringen, sondern nur dasselbe, was von alters her im japanischen Volk gelebt habe. Während sich die fremden Professoren immer wieder beklagen, daß ihre Studenten die wissenschaftliche Methode nicht begreifen wollen, behaupten die japanischen Gelehrten, diese selbige Methode sei nicht ein abendländischer Importartikel, sondern ein echt japanisches Erbstück. Das ist eine bombastische Weise, welche einen tiefgehenden Mangel an Selbsterkenntnis verrät.

Dieser Eitelkeit, Aufgeblasenheit und Hohlheit entspricht die Oberflächlichkeit des japanischen Gemütslebens. Zwar lassen sich manche Anzeichen von scheinbarer Gefühllosigkeit geschichtlich erklären. Wenn sie die größten körperlichen Schmerzen aushalten, ohne eine Miene zu verziehen, so ist das zweifellos zurückzuführen auf eine Gewöhnung von alters her. Hat doch die Feigheit immer als eine verachtungswürdige Schwäche gegolten. Stoischer Gleichmut wurde von jeher von ihnen gepriesen. Wenn sie Geld und Vermögen in einem Umfang verlieren, welches manchen Abendländer an den Rand der Verzweiflung bringen würde, und wenn sie solche Verluste mit stoischem Gleichmut hinnehmen, so findet das seine Erklärung in der vorerwähnten Nichtachtung materieller Schätze. Und wenn sie ohne Furcht und Grauen dem Tode entgegensehen, so ist auch dafür ein Grund vorhanden in dem Skeptizismus, der weder an Hölle noch an Fegfeuer glaubt. Wenn sie aber auch bei dem Tode ihrer Lieben augenscheinlich keine Trauer zeigen, wenn mein Diener mit lachendem Gesicht strahlend in mein Zimmer tritt, um mir den Tod seiner Mutter anzuzeigen und um zwei Tage Urlaub zur Beerdigung zu bitten, so stehen wir hier umsomehr vor einem Rätsel, als die Familienangehörigen im Leben ungemein enge miteinander verbunden sind. Was Wunder, wenn manche Europäer, und selbst gute Kenner des japanischen Volkes, der Ansicht sind, daß sie fast jedes Gefühles bar seien. Gleichwohl geht dieses Urteil entschieden zu weit. Der Japaner ist durch Frau Etikette Schauspieler geworden, und wenn er wirklich nichts fühlte, so bin ich überzeugt, daß er dann gerade erst recht Gefühl heucheln würde. Wenn er aber mit seinem Gesicht lacht, so mag er sehr wohl mit seinem Herzen weinen. Tatsächlich habe ich manche gesehen, die mir mit lächelndem Mund von dem Tode ihrer Angehörigen erzählten und denen doch dabei die hellen Tränen über die Wangen rannen. Die scheinbare Gleichgültigkeit ist zu einem guten Teil eben nur scheinbar, verdeckt durch gewohnheitsmäßige Etikette.

Gleichwohl steht es dem sorgfältigen Beobachter aus tausend kleinen Zügen und feinen Empfindungen, die sich durch Beispiele schwer belegen lassen, fest, daß ihr Gefühl nicht so tief ist wie das unsrige, daß sie ein Gefühls= und Gemütsleben in unserm Sinn überhaupt nicht führen. Schon die ganze ästhetische Erziehung mit ihrer Wertschätzung des Harmonischen, Heiteren und Sonnigen ist nicht darauf angelegt, sie irgendwie für den düsteren Ernst des Lebens empfänglich zu machen. Elastisch, wie Naturell und Erziehung sie geschaffen haben, gehen sie mit einem leichten schikata ga nai „es läßt sich nichts machen" über das Unabänderliche bald zur Tagesordnung über.

An Stelle des echten Gefühls aber, welches als unversiegbarer Quell in der Tiefe des Herzens allzeitig lebendig ist, finden sich merkwürdigerweise nicht selten momentane **Gefühlsausbrüche**, die plötzlich kommen und rasch wieder gehen. Sie sind nicht sowohl wahres Gefühl als vielmehr Gefühlskarikaturen, sentimentale Anwandlungen. Ihrer ganzen Natur nach sind sie als akute Erkrankungen zu bezeichnen. Und zwar sind es sehr gefährliche Erkrankungen, die häufig einen tragischen Ausgang nehmen und mit dem Tode enden.

Als der russische Thronfolger durch einen Fanatiker verwundet worden war, kam eine Frau über dreihundert Kilometer weit nach Kioto gereist, stellte sich vor den alten Kaiserpalast und nahm sich selbst das Leben, um, wie sie sagte, eine Sühne zu bringen für das Verbrechen der Nation. Mehr als eine japanische Mutter, deren Sohn sich der verhaßten Jesuslehre zuwandte, kam auf den Gedanken des Selbstmords, um damit den Schimpf auszuwischen, den der Sohn auf die Familie ge=

bracht hat. Ich stand einmal mit einem christlichen Japaner vor einem Bilde, welches darstellte, wie einige zwanzig junge Samurai, d. h. Männer aus dem Kriegerstand, die in einer Schlacht mitgekämpft hatten, in der ihre Partei geschlagen wurde, Selbstmord durch Harakiri begingen. Ich sagte meinem Begleiter, daß in einem solchen Falle bei uns zu Lande die jungen Leute am Leben geblieben wären, um das nächste Mal um so feuriger zu kämpfen und ihre frühere Niederlage durch die Tat wieder gut zu machen oder, wenn es sein müßte, einen ehrlichen Soldatentod in offener Feldschlacht zu finden. Der Mann war Christ, aber er war auch Japaner und stolz, daß auch seine Ahnen der Kriegerkaste einst angehört, und als solcher blieb er dabei, daß die Tat jener nicht allein großartiger und erhabener — denn darüber ließe sich ja vom ästhetisch=dramatischen Standpunkt aus streiten — sondern auch sittlich besser und edler gewesen sei. Die Wertschätzung des eigenen Lebens, wie sie dem Europäer eigen ist und dem Christen zur Pflicht gemacht wird, kennt der Japaner nicht.

Das sind Fälle einer auffallenden Sentimentalität, die fast immer mit übertriebener Vaterlandsliebe und falschen Vorstellungen von Ehre zusammenhängen. In Zeiten großer Erregung werden dieselben epidemisch wie eine ansteckende Krankheit, um dann wieder, wie diese, für lange Zeit ganz zu verschwinden.

Da die eben erwähnten sentimentalen Erscheinungen nicht normal, sondern krankhaft, nicht dauernd, sondern zeitlich sind, so läßt sich aus ihnen auf eine besondere Gefühlsstärke nicht schließen. Mit viel mehr Recht könnte man von einer gewissen Gefühlshärte sprechen. Freilich, rohen tätlichen Ausdruck erhält dieselbe selten. Das Betragen ist tadellos. Wären die Japaner Kinder, so dürfte man sie in vollem Sinne Musterkinder nennen. Die Wohlerzogenheit, die Artigkeit ist wirklich mustergültig. Mancher deutsche Familienvater weiß sie nicht einmal im eigenen Hause zu schaffen; hier umfaßt sie ein ganzes Volk. Aber bei den sogenannten musterhaften Menschen findet man es häufig, daß die Form auf Kosten des Herzens, der formelle Takt auf Kosten des Herzenstaktes geht. So zeigt sich auch hier, daß das starre Einzwängen in die Etikette manchen zarten Trieb des Herzens und Gemütes an der Entfaltung hinderte, so daß er elend verkümmern mußte. So groß die Bereitwilligkeit des Japaners ist, in ritterlichem Sinn für die Sache des Unterdrückten einzutreten, so habe ich doch ein warmherziges Mitleid mit den Mühseligen und Beladenen der Menschheit selten gefunden. Dagegen kann er recht hart sein. Kann doch darüber kein Zweifel bestehen, daß die Japaner während des chinesischen Krieges einige Male sehr grausam verfuhren. Charakteristisch für die in ihrem Innern zurückgebliebenen Spuren eines hartherzigen Barbarismus sind auch die von Chinesenblut triefenden Kriegsbilder, welche Kulturbilder eigentümlicher Art sind, ferner abgeschnittene blutige Chinesenköpfe, in Pappdeckel nachgemacht, welche Kindern zum Spielzeug dienten und anderes mehr.

Wer sich die Mühe nimmt, sich einmal für ein paar Stunden an den Kudanhügel im Zentrum von Tokio hinzustellen und die Jinrikscha zu beobachten, wird dabei eine interessante Entdeckung machen. Während nämlich die Europäer sämtlich am Fuße des Hügels aussteigen oder noch einen zweiten Mann zum Drücken engagieren, lassen sich die Japaner mit sehr wenigen Ausnahmen von ihrem einzigen Kuli hinaufziehen; ja häufig genug sieht man zwei wohlgenährte Soldaten in einer Jinrikscha, von nur einem Mann gezogen, hinauffahren. Ich bin im Gebirge auf sehr holprigen und steil ansteigenden Wegen Jinrikscha begegnet, dabei der arme Wagenzieher kaum von der Stelle kam und in Schweiß förmlich aufgelöst war, so daß ich aus Mitleid mit ihm manchmal selbst Hand anlegte zur großen Verwunderung des Japaners, der in der Jinrikscha saß. Aber aussteigen —, daran dachte er nicht. Er hatte ja Zeit und der Kuli wurde bezahlt; da war alles in schönster Ordnung!

Man ist geneigt zu glauben, der Buddhismus habe die Menschen Ostasiens gutherzig gemacht. Denn der Buddhismus predigt nicht allein Liebe zu den Menschen, sondern auch zu der unvernünftigen Kreatur. Ausdrücklich verbietet er, Tiere zu töten, und tatsächlich soll es heute noch buddhistische Priester geben, die nicht einmal einen Moskito, diesen schrecklichsten Schrecken der heißen Sommernächte, töten. So hütet sich der Japaner

5. Charakter und Gemüt.

wohl, zum Mörder an jungen Hunden oder Katzen zu werden, die man doch bei uns unbedenklich in das Wasser wirft, wenn sie etwa überzählig sind. Aber er kann sie doch nicht alle aufziehen! Es laufen ohnedies auf den Straßen von Tokio schon so viele Hunde umher, daß von Zeit zu Zeit Kuli ausgeschickt werden, um mit ihnen aufzuräumen. Wie befreit man sich von ihnen? Man setzt sie aus und überliefert sie dadurch ruhigen Gewissens einem langsamen, qualvollen Tod; denn man tötet sie ja nicht und hat damit dem Gesetz bis zum letzten Buchstaben Genüge getan. Ich kam einmal auf einem Spaziergang mit einer deutschen Dame an einigen solcher Tierchen vorbei, welche jämmerlich winselten. Sie dauerten uns; die Dame nahm ihr Taschentuch und wickelte sie hinein und wir nahmen sie mit nach meiner Wohnung. Hier übergab ich sie meinem Koch mit der Weisung, sie sofort zu ertränken. Nach einiger Zeit kam ich auf den Hof, da sah ich sie vor der Wohnung des Koches umhertollern. Als ich diesen zur Rede stellte, gab er mir zur Antwort, er wolle sie nicht töten; es würden gewiß auch bald die Aasgeier kommen und sie holen. Auch die Behandlung der Pferde ist eine schlechte. Wenn man im Gebirge zu Pferde reisen will, so tut man gut daran, sich zuvor den Sattel aufdecken zu lassen. Nicht selten sieht man darunter das rohe Fleisch. Es war darum kein überflüssiges Werk, wenn ein früherer Schüler unserer theologischen Schule vor einigen Jahren den ersten Tierschutzverein in das Leben gerufen hat.

Die nationale Religion des Shintoismus besitzt keine Sittenlehre. Man hat das Fehlen derselben damit zu erklären versucht, daß man sagte, die Japaner seien so gut, daß sie sittlicher Vorschriften nicht bedürften. Das wird nach dem Vorstehenden kein Mensch glauben. Vielmehr gehört die sittliche Hebung des japanischen Individuums zu den vornehmsten Aufgaben der christlichen Mission.

6. Weltanschauung und Geistesleben.

Zwei Fragen sind, seitdem ich in die Heimat zurückgekehrt bin, immer wieder an mich gerichtet worden, erstlich, was für ein Klima Japan habe und sodann, ob die Japaner denn wirklich so hoch begabt seien. Während ich die erste Frage mit zwei Sätzen immer zur Zufriedenheit beantworten konnte, mußte ich zur Erledigung der zweiten stets ein wenig Geduld beanspruchen. Das japanische Geistesleben ist eben von dem unserigen so antipodisch verschieden, daß es sich in einer halben Minute nicht klarlegen läßt.

Der Japaner ist realistisch veranlagt. Er hat scharfe Sinne, geschickte Hände und eine rasche und sichere Auffassungsgabe. Er ist Meister auf dem Gebiet der praktischen Wirklichkeit. Die letzten drei Jahrzehnte haben gezeigt, was er in technischen Fertigkeiten vermag. Was einfach übernommen werden kann, was man sozusagen nur auswendig zu lernen braucht, eignet er sich mit spielender Leichtigkeit an. Er besitzt ein besseres mechanisches Gedächtnis als wir. Ganz besonders auffällig ist das bei der Erlernung von Sprachen. Es gibt Europäer, und sie sind nicht etwa Ausnahmen sondern Regel, die ein Jahrzehnt und länger in Japan ansässig sind und die sich heute nur notdürftig verständlich machen können, die also über das Küchen- und Kulijapanisch nie hinausgekommen sind. Dagegen unterrichten deutsche Professoren ihre japanischen Studenten mittels der deutschen, einige auch mittels der englischen Sprache. In der theologischen Schule unserer Mission geschieht der Unterricht in deutscher oder englischer Sprache. In dem Kopfe eines japanischen Studenten ist eine Unmenge von Wissen aufgespeichert. Der japanische Student ist fleißiger als der deutsche, eine Beobachtung, die sich schon an den auf deutschen Universitäten studierenden Japanern machen läßt. Der größte Feind des Studiums ist ihm unbekannt: das Kneipen; mehr als für dieses begeistert er sich allmählich für den Sport: Rudern, Lawntennis, Fußball. Und das ist gut so. Denn er bedarf der körperlichen Erholung sehr dringend. Geistige Arbeit setzt ihm sehr stark

6. Weltanschauung und Geistesleben.

zu, und viele kommen durch Überarbeitung so herunter, daß sie nach dem Examen zu weiterer angestrengter Arbeit unfähig sind.

Der Japaner ist scharfsinnig, er ist das, was man landläufig mit gescheit bezeichnet. Seine Fassungsgabe ist rasch und sicher. Die Geduld des Lehrers stellt er auf keine allzuharte Probe. Würden deutsche und japanische Kinder zusammen unterrichtet, so würden in den ersten Jahren und voraussichtlich die ganze Elementarschule hindurch die deutschen zurückstehen. Japanische Kinder bewältigen dasselbe Pensum in kürzerer Zeit. Später aber dürfte sich das Verhältnis anders gestalten. Der Japaner ist zufrieden, sich etwas angeeignet zu haben, und ohne weiteres speichert er es auf bei all dem andern, was er in der großen Schatzkammer seines Gedächtnisses angesammelt hat. Daran, daß er es nochmals durch die Mühle seines eigenen Denkens schickt, denkt er nicht. Das einmal Erfaßte auch geistig zu verarbeiten und innerlich zu verdauen und so zu seinem eigensten und innerlichsten Eigentum zu machen, ist nicht seine Sache. Er übernimmt die Resultate, aber den weiten Weg, der zu diesen Resultaten führt, erspart er sich. Quantitativ ist sein Geistesleben dem unsrigen überlegen, qualitativ steht es hinter dem unsrigen zurück. Der Japaner hat Talent, er hat großes Talent; aber er hat wenig Genie. Er hat Talent, denn er versteht es, mit dargebotenen Mitteln zu arbeiten und zwar vorzüglich zu arbeiten; aber er hat wenig Genie, denn er versteht es nicht, in den Kern und das Wesen der Dinge zu bringen, um aus der Tiefe heraus sich selbst immer wieder aufs neue zu gebären und neue reiche Schätze zu heben. Der Japaner ist **nicht original**. Der Mangel an Originalität fällt überall auf. In deutschen Zeitungen stand seinerzeit eine Geschichte zu lesen, deren ungefährer Inhalt folgendermaßen war: Zwei Japaner hielten sich etwa ein Jahr lang in einer Textilfabrik in Sachsen auf, welche große Ausfuhr nach Japan hat. Nachdem sie die Geheimnisse der Firma genau ausgekundschaftet und studiert hatten, kehrten sie in ihre Heimat zurück und hier, wo man vor der Nemesis des unlauteren Wettbetriebs sicher ist, gründeten sie selbst eine Fabrik, in welcher sie die Artikel jenes deutschen Geschäftes nachmachten. Nun sind die japanischen Arbeitslöhne sehr niedrig. Infolgedessen konnten sie sehr billig arbeiten und schlugen die deutsche Firma bald aus dem Felde. In der Verlegenheit, und um wieder neuen Absatz zu gewinnen, traf die deutsche Fabrik neue Einrichtungen, arbeitete nach veränderten Systemen und schuf neue Fabrikate. Damit erwarb sie sich denn auch wieder einen neuen Markt, und jetzt kamen jene Japaner in Verlegenheit. Sie schrieben daher einen verbindlichen Brief an den deutschen Fabrikanten, worin sie sich hübsch bedankten für all das, was er sie gelehrt habe; jetzt aber seien sie in einer großen Verlegenheit, er möge doch so freundlich sein, ihnen seine neuen Pläne und Einrichtungen mitzuteilen. Für die volle Wahrheit dieser Geschichte stehe ich nicht ein, aber so abenteuerlich sie klingt, sie könnte recht wohl wahr sein. Die Sache ist ganz japanisch. Sie ist nicht bloß charakteristisch für ihren Spür- und Spioniersinn, sondern auch für ihre scheinbar harmlose naive Ungeniertheit; vor allem aber ist sie dafür bezeichnend, daß die Japaner nachahmen und zwar geschickt nachahmen, daß sie aber nicht originell sind.

Was sie haben, haben sie durch das Ausland. Ihre alte Kultur erhielten sie von China, ja teilweise sogar von dem heutzutage völlig verrohten Korea. Daher kam die Religion des gemeinen Volkes, der Buddhismus; daher kam die Religion der oberen Kasten, der Konfuzianismus. Daher kam ihre Sittlichkeit; die japanische Sprache hat ursprünglich sehr wenig Worte, um sittliche Begriffe auszudrücken. Alles muß durch chinesische Worte wiedergegeben werden, so wie bei uns viele wissenschaftliche Begriffe durch lateinische und griechische Fremdwörter ausgedrückt werden, wogegen unsere ethischen Begriffsausdrücke zu den echtesten Bestandteilen der deutschen Sprache gehören. Von China erhielten sie ferner ihre gebräuchliche Schrift und selbst der Ursprung der Silbenschrift Kana scheint nicht rein japanisch zu sein. Von China kam ferner Poesie, Musik, Malerei und plastische Kunst. Ebensoviel wie damals von den Chinesen übernehmen sie heute von den Abendländern.

In all dem haben sich die Japaner von jeher als hervor=

6. Weltanschauung und Geistesleben.

ragend gelehrig erwiesen. Doch sind sie niemals sklavische Nachahmer und Nachbeter gewesen. Was sie übernahmen, war auch bald japanisch. Sie haben es immer in harmonischen Einklang mit der Umgebung gebracht. Es ist nicht so, als hätte man die Kinder einer fremden Welt einfach in japanische Kleider gesteckt; sie haben vielmehr japanische Gesichtszüge bekommen. Der Japaner ist bei allem Mangel an Originalität doch eine sehr ausgeprägte Individualität, welche auf die Dauer das Fremde als Fremdes nicht erträgt. Selten haben sie die nüchterne Urteilskraft verloren, sie haben mit scharfem Blick das Brauchbare von dem Unbrauchbaren unterschieden und im großen und ganzen, soweit es sich um den Mechanismus unserer Kultur handelt, muß ihnen zugestanden werden, daß sie der Mahnung entsprochen haben: Prüfet alles und behaltet das Beste. Aber freilich, es handelt sich für den Japaner immer nur um die mechanische Kultur und darum kann auch mehr oder weniger nur von einem mechanischen Prozeß der Akkommodation die Rede sein. Aber die Kultur hat noch eine andere Seite. Dem Mechanismus der äußeren Kultur liegt der Organismus der Geisteskultur zugrunde. Und hier haben die Japaner die Assimilation zwar versucht, aber da sie dieselbe nicht geistesverwandt fanden, vorläufig nicht durchzuführen vermocht, soweit man nicht gar mit dem ernstlichen Gedanken ihrer Durchführung gebrochen hat.

Das rein Geistige ist eben nicht die Sache des Japaners. Was nicht im Einklang mit der sinnlichen Anschauung steht, ist ihm mehr oder weniger fremd. Dafür liefert die Sprache, wie ich in meinem größeren Werk „Die Japaner" ausführlich nachgewiesen habe, unwiderlegliche Beweise. Er weiß z. B., daß der Lehrer lehrt, weil er das täglich sieht, daß aber die Geschichte uns etwas lehrt, begreift er nicht, weil er die Geschichte nicht sinnlich wahrnimmt. Anstatt „die Geschicht lehrt uns" sagt er darum: „Wenn wir die Geschichte untersuchen, so lernen wir." Nehmen wir ein anderes Beispiel: „Die Erfahrung zeigt, daß das Gute belohnt und das Böse bestraft wird." Wie die Erfahrung, die doch weder Mund noch Finger hat, etwas zeigen soll, begreift der Japaner nicht. Noch versteht er, wie man das Gute belohnen kann, da es doch keine Hand hat, mit welcher die Belohnung in Empfang zu nehmen wäre, oder wie man das Böse bestrafen kann, da es doch nicht handgreiflich ist wie ein Mörder oder Dieb, den man in das Gefängnis steckt. Er ändert darum den Satz völlig um: den abstrakten Begriff „Erfahrung" macht er konkret, an Stelle von „das Gute" und „das Böse" setzt er die guten und die bösen Menschen, so daß der Satz lautet: „Wenn wir den Zustand dieser Welt betrachten, so wissen wir, daß die Guten Lohn, die Bösen Strafen erhalten" (kono yo no sama wo mimasureba, yoi hito wa yoi mukui wo uru warui hito wa batsu wo ukeru to iu koto ga wakarimasu). So betrachtet sich der Japaner die Einzelfälle und die Einzelwesen und macht diese zum unmittelbaren Untergrund seines Urteils. In dieser konkreten Sinnlichkeit, und nur in ihr, besitzt er unantastbare Wahrheit.

Wir sprechen von dem Hauch der Freiheit, dem Schwert der Gerechtigkeit und dem Zahn der Zeit. Für den Japaner sind solche Allegorien der barste Unsinn. Das Ideal ist ihm ein nackter Begriff. Kunst und Wissenschaft, Weisheit und Schönheit, Geist und Gemüt, welche, dank unserer indogermanischen Entwicklung, für uns lebendige Realitäten sind, sind für ihn tot. Daß der schöpferische Geist des Ariers in den Begriffswörtern seiner Sprache gleichsam lebendige produktive Wesen schafft, die nicht mechanisch zusammengefügt, sondern mit innerer Lebenskraft begabt sind, daß er seinen Hauptwörtern ein Geschlecht beilegt und sie dadurch bezeichnend belebt, beweist, daß seine Auffassung eine geistige ist. Daß der Geist des Ostasiaten für lebendige schaffende Begriffe kein Verständnis zeigt, daß die Dinge, geschlechtslos, für ihn tot sind, beweist, daß seine Auffassung eine sinnliche ist.

Es ist auffallend, wie wenig Interesse für metaphysische und ethische Fragen er hat. Weder seine Geschichte noch seine hervorstechendsten Neigungen zeigen eine Tendenz zum Idealismus. Er liebt das Wirkliche und Greifbare. Er kann es nicht verstehen, wie man sich über psychologische und dogmatische Fragen ereifern kann. Für die feinen Unterschiede religiöser Anschauungen hat er weder theoretisches noch praktisches Verständnis. Der Reiz, den der gebildete Geist des Abendländers in der Welt der Phantasie

6. Weltanschauung und Geistesleben.

und Romantik findet, ist für seinen Geist ein unverständliches Rätsel. Der Zauber, den Probleme und Spekulationen an sich auf den Abendländer ausüben, ganz gleichgültig, ob daraus praktischer Nutzen springt oder nicht, existiert für ihn nicht. An der Universität in Tokio unterrichtet neben einer Anzahl anderer deutscher Lehrer auch ein Professor der Philosophie, ein Idealist durch und durch; die Regierung drängt darauf, gerade die deutsche Philosophie in Japan heimisch zu machen, weil die Deutschen über die ganze Erde hin in dem Rufe eines Volkes von Philo= sophen stehen; aber es will nicht recht gelingen. Viel lieber gehen sie in die Schule bei den praktischen Engländern. Die Namen Herbert Spencer und John Stuart Mill sind auch dem halbwüchsigen Gymnasiasten bekannt. Die Philosophie des Materialismus ist die in Japan gebräuchliche. Neuerdings hat man Häckels Welträtsel als philosophisches Lehrbuch eingeführt. Die ganze Weltanschauung, soweit von Weltanschauung über= haupt die Rede sein kann bei einem Volk, welches niemals die Welt als ganzes anschaut, sondern immer nur die Dinge der Welt im einzelnen, ist materialistisch. Der Japaner hat ein Sprichwort: „Ju-nin to-hara" („zehn Menschen, zehn Bäuche"), im Sinne völlig unserm: „so viel Köpfe, so viel Sinne" ent= sprechend. Nun ist auch uns eine gewisse Beziehung zwischen Magen= und Geistestätigkeit nicht ganz fremd und das lateinische Wort „plenus venter non studet libenter" („ein voller Bauch studiert nicht gern") ist uns sattsam bekannt. Gleichwohl muß es uns als ein wahrhaft klassisches Bild einer materialistischen Weltauffassung auffallen, wenn der Japaner den Sitz der Ver= standestätigkeit nicht im Kopfe, sondern im Bauche sucht. Ich hatte mir einmal auf Wunsch von etwa zehn jungen Medizinern, zur Hälfte Christen, die Mühe gemacht, in einer Reihe von Vor= trägen das Recht der idealistischen Weltanschauung gegenüber der materialistischen darzutun. Als ich zu Ende war, wollte ich mich von dem Erfolg überzeugen. Und worin bestand derselbe? Darin, daß einer der begabtesten mir sagte, daß er zwar als Christ gern an die idealistische Weltanschauung glaube, daß aber für sein Denken die materialistische nach wie vor die wirklich vernunftgemäße sei. Und die andern waren mit ihm einig. Was der Japaner sieht, das ist; alles andere ist nicht.

Die Sprache kennt an Zeitformen nur eine Gegenwart und eine Vergangenheit, nicht aber eine Zukunft. Gegenwart und Vergangenheit haben realen, festen Boden unter sich. Die Zukunft dagegen hat es mit Nichtwirklichem zu tun; die Zukunft ist ein unbekanntes dunkles Land, wo der Fuß keinen festen Halt zum Stehen finden, wo die Hand anstatt greifbarer Wirklichkeit verfließenden Nebel zu fassen bekommt und das Auge nichts klar und deutlich zu erkennen vermag. Wenn es dem konkreten, realen Sinn des Japaners widerstrebt, sich in einem solchen Lande heimisch zu machen, so können wir uns darüber nicht groß wundern, da es mit seinen übrigen Neigungen durchaus im Einklang steht. Die Sprache ermangelt der sanften Sinnigkeit und glühenden Phantasie der Semiten, wie auch der genialen Großartigkeit der Indogermanen. Sie schwingt sich nicht auf zu reinen Gebilden der Phantasie, den Boden der Wirklichkeit verliert sie nicht unter den Füßen. Sie verliert sich darum nicht in phantastisch unsinnigen Phrasen, wird aber auch nicht voll gerecht dem Gedankenzug in des Menschen Brust, welcher über diese Erde hinausdrängt. Der Grieche sah Leben in jedem Strauch und jedem Halm, der Strahl der Sonne und das Wehen des Windes, welche ihm Empfinden verursachen, besitzen selbst Empfindung; der Semite sah überall die unmittelbare Tätigkeit göttlicher Persönlichkeiten; und dieses Leben, welches das Auge des Geistes sah, spiegelte sich wider in der Sprache. Für den Japaner aber ist die ganze Natur ein Mechanismus, eine gut gehende, aber tote Maschine, und diese Anschauung findet sich als Prosa in seiner Sprache wieder.

Weder die Millionen von Gedichten, welche man alljährlich an die blühenden Pflaumenbäume hängt, noch auch die Tatsache, daß die meisten Japaner, soweit sie einigermaßen Bildung besitzen, auch Gedichte machen, haben es vermocht, ihrer Umgangssprache einen poetischen Charakter zu verleihen. Es gibt Übersetzungen japanischer Gedichte ins Deutsche (von Dr. Florenz), die sich sehr angenehm lesen. Man sagt ihnen aber nicht ganz ohne Grund nach, daß die Übersetzung schöner sei als das Original.

6. Weltanschauung und Geistesleben.

Ein Gebiet, auf welchem das Volk wirklich etwas geleistet hat, ist das Märchen; und daß es einen sehr großen Schatz äußerst treffender Sprichwörter hat, die sich mitunter mit den unsrigen geradezu decken, ist nur im Einklang mit seinem ganzen Geistesleben. Denn die Heimat des Sprichwortes ist weder die Phantasie noch die Poesie noch die Spekulation, sondern die nüchterne praktische Wirklichkeit.

Tun wir nun einen Blick in die Geistesmächte des Japaners, so finden wir hier bestätigt, was vorstehend gesagt wurde. Der Konfuzianismus, der von den höheren Kreisen begünstigt wird, ist zwar ein sittlich hochstehendes, aber trockenes und nüchternes Moralsystem ohne Höhen und Tiefen, ohne wirklichen Geistesflug. Er ist nicht geboren aus der Tiefe idealer Gedanken oder gar einer himmelanstrebenden Schwärmerei, vielmehr ist er die Schöpfung eines hervorragend praktischen Geistes, welcher ganz auf dem Boden der konkreten Wirklichkeit, der alltäglichen Erfahrung steht. Ein solches System paßt zu dem Japaner. Der Buddhismus, so wie er ursprünglich von dem erleuchteten Buddha gelehrt wurde, gehört zu dem Tiefsinnigsten, was je gedacht worden ist. Es ist eine Philosophie, und noch dazu eine mystische Philosophie, welche nur der sich aneignen kann, der sie innerlich durchdenkt und durchfühlt. Man sucht aber nach dieser Art Buddhismus dort vergebens. Der Japaner hat die Lehre Buddhas zum greifbaren, grobsinnlichen, konkreten Götzendienst verdichtet, hat sie so umgestaltet und beschnitten, wie es seiner sinnlichen Veranlagung entsprach. Das einzig Originale, was die Japaner auf diesem Gebiet hervorbrachten, ist der Shintoismus. Wenn man aber seiner Mythologie nachgeht, so ist man erstaunt über den Mangel an sittlichen Gedanken und an poetischer Phantasie. Das gemütvolle Volkslied des Deutschen, des Russen, des Engländers sucht man hier vergebens. Der Gesang ist nicht Gemeingut des ganzen Volkes. Daß eine gemütliche Gesellschaft einmal einen Chor anstimmt, gibt es nicht. Der Gesang wird nur berufsmäßig ausgeübt. Ich will nicht sagen, daß in dem Gesang kein Gemüt liegt; aber jedenfalls ist es für den Abendländer sehr schwer, aus diesen Tönen Gemüt herauszuhören.

6. Weltanschauung und Geistesleben.

Wenn wir aber somit behaupten, daß das Geistesleben des Japaners an einem gewissen Mechanismus leidet, steht damit nicht die Tatsache im Widerspruch, daß er eine hohe Achtung vor der Wissenschaft hat und, wie ja schon die Zahl der japanischen Studierenden in Deutschland beweist, auch selbsttätig für die Wissenschaft eintritt? Gewiß ist das ein schöner und idealer Charakterzug, daß ihm das Wissen höher steht als etwa das Geld, aber für die idealistische Natur des japanischen Geistes beweist er noch nichts. Es sind in den letzten Jahren auf wissenschaftlichem Gebiet Erfolge erzielt worden, welche das Abendland in Erstaunen setzen. Aber — und darauf kommt es an — diese Erfolge waren Resultate eines ungewöhnlichen Scharfsinns, nicht aber eines tiefsinnigen Denkens. Subtile Erfindungen zu machen, dazu sind die Japaner veranlagt, aber ein Volk von Philosophen werden sie nicht. Ihre seitherigen Erfolge lagen dementsprechend nicht auf dem Gebiet der reinen Geisteswissenschaften, sondern auf dem der empirischen Wissenschaften, und daß sie da etwas leisten, ist nach ihrer Veranlagung nur zu erwarten. Wenn unsere Ärzte von den geradezu musterhaften anatomischen Präparaten japanischer Mediziner sprechen, wenn unsere Chemiker und Bakteriologen die feinen Analysen ihrer japanischen Schüler rühmend hervorheben, so wundere ich mich darüber nicht im geringsten. Das Experimentieren ist ihre Sache. Was dazu notwendig ist, besitzen sie im höchsten Grade. Es ist nicht zufällig, daß in Japan die fähigsten Gymnasiasten sich der Medizin zuwenden und daß die Medizin die tüchtigsten Kräfte aufzuweisen hat; ebenso ist die sichere und gediegene Arbeit der Militärärzte im japanisch=chinesischen Krieg hinreichend bekannt. Die angewandte Medizin ist nicht eine reine Geisteswissenschaft; sie ist mehr eine Kunst als eine Wissenschaft; ihr Gebiet reicht weit in das Sinnliche, in die Wahrnehmungsstufe hinein, und dort ist der Japaner zuhause.

Das Ästhetische in dem weiten Kant'schen Sinn des Wortes ist sein Feld, und infolgedessen ist es ganz natürlich, daß er auch für das Ästhetische in der engeren landesläufigen Bedeutung des Wortes einen ausgeprägten Sinn besitzt. Seine ganze Lebensführung darf als eine ästhetische bezeichnet werden. Eine gütige

6. Weltanschauung und Geistesleben.

Fee hat ihm den Sinn für das Schöne, ja für die heitern Seiten des Lebens überhaupt in die Wiege gelegt. Er liebt schöne Formen und gibt sich mit Gefühl an dieselben hin. Er hat ein ausgesprochenes Verständnis für die Schönheiten seiner wunderbaren Natur. Die beiden großen Gesellschaften, welche der Kaiser alljährlich zu geben pflegt und zu denen der Adel, die hohe Beamtenschaft und die Elite der europäischen Gesellschaft eingeladen werden, finden bezeichnenderweise in den kaiserlichen Gärten statt und zwar zur Zeit der Kirsch- und der Chrysanthemumblüte. Gern verweilen sie eine Stunde oder zwei angesichts eines sprühenden Wasserfalls, und die Zweige einer Fichte, regungslos über die stillen Fluten eines dunkeln Sees gebeugt, erfüllen sie mit Entzücken. Dabei ist der Sinn für die Natur nicht ein Vorrecht der besseren Klassen, hier ist er angeboren, und der Taglöhner besitzt ihn ebenso wie der Professor. Es verging kein Frühling und kein Herbst, wo nicht mein Koch sich für einen Nachmittag Urlaub erbat, um mit seinen Kindern zur Blütenschau nach Ueno oder Dangosaka zu gehen. Die großen Volksfeste sind Naturfeste und in Gottes freier Natur werden sie gefeiert. Da strömen sie hinaus zu Tausenden und es ist ein ästhetisch schöner, ein malerischer Anblick, die schneeig und rosig blühenden Bäume gegen den tiefblauen Himmel sich abheben zu sehen und unter ihnen lustwandelnd eine frohbewegte Menge, Männer und Frauen in festtäglicher Stimmung, lächelnd und schwatzend, und von ihnen geführt die Kinder in ihren bunten Kleidern. Auf japanischen Volksfesten wird ebensoviel Natur gekneipt als auf deutschen Bier.

Das Schöne bietet ihm Genuß, das Häßliche tut seinen Augen weh. Darum ist ihm aller Schmutz ein Greuel, darum hält er darauf, daß im Haus und am Körper alles blitzblank ist. Die meisten Japaner, auch Bauer und Taglöhner, nehmen im Sommer täglich, im Winter in der Regel wöchentlich ein Bad. In der Neujahrsnacht badet das ganze Volk, und so peinlich wird darauf gehalten, als sei es eine religiöse Pflicht, nicht unrein in das neue Jahr hinüberzugehen. Kehrt man in einem Gasthaus ein, so ist das erste, was einem angeboten wird, ein Bad, und die bedienende Nesan mag wohl im stillen manchmal wenig schmeichelhafte Vergleiche ziehen, wenn der Ijinsan, der Herr Europäer, in seiner Bequemlichkeit auf das Bad verzichtet. Peinlich sucht man sich Hautausschläge fern zu halten, man hat einen natürlichen Ekel davor, und der Aussatz, der immer noch vereinzelt vorkommt, ist mehr im Sinne der Unreinheit verabscheut, denn als Krankheit bemitleidet. Seine Kleider hält der Japaner peinlich sauber. Leute in zerrissener und verlumpter Kleidung sieht man in Japan weit weniger als bei uns. Mag sein, daß er im Sommer nicht viel mehr anhat, als ein paar Beinkleider, die nur die äußerste Blöße bedecken; aber diese wenigstens sind sauber in Ordnung gehalten.

Alles macht den Eindruck des ästhetisch Schönen. Das japanische Essen mag für uns nicht besonders gut schmecken, dafür aber sieht es schön und appetitlich aus. Nirgends wird mit größerem Anstand gegessen. Die Eßstäbchen werden in den Teehäusern nur einmal gebraucht, und unsere Art des Essens hält der Japaner für unästhetisch, weil man sich dabei der Messer und Gabeln bedient, die vielleicht eine Viertelstunde zuvor ein anderer im Munde hatte. Jede Bewegung, jede Verbeugung ist abgerundet und frei von allem Eckigen, vollendet in ihrer Art. Haftige Bewegungen vermeidet man. Wollten sich bei uns die Handwerker und Arbeiter im schmutzigen Arbeitskittel, wenn sie sich auf der Straße begegnen, mehrmals tief voreinander verbeugen fast bis zur Erde hin und dann mit abgezogenen Hüten zum Austausch höflicher Redensarten beieinander stehen bleiben, um sich endlich wieder mit nicht weniger tiefen und zahlreichen Verneigungen voneinander zu trennen, so würde man das einfach lächerlich finden. Wer es in Japan sieht, vergißt über dem ästhetischen Anblick die Lächerlichkeit. Es darf ein Deutscher sich auf dem Parkettboden noch so sehr zu Hause fühlen, so gewandt ist er doch nicht, daß er nicht noch einen japanischen Taglöhner um seine Kunst, sich zu verbeugen, beneiden dürfte, und auf die wirklich graziöse Art, wie die Japanerin, auch die niedrig geborene, sich bewegt, dürfte jede deutsche Salondame stolz sein.

Auf Etikette und Anstand wird viel gehalten von Kind auf, und in der Schule sind, für die Mädchen wenigstens, besondere

6. Weltanschauung und Geistesleben.

Unterrichtsstunden dafür eingeführt. Die ganze Erziehung der japanischen Frauenwelt ist bis vor kurzem eine vorzugsweise ästhetische gewesen: etwas Lesen, Schreiben und Rechnen wohl, mehr aber als das Unterricht in den schönen Künsten, im Blumenbinden, in der Dichtkunst, der Malerei und vor allem der Musik; das intellektuelle Moment kommt erst in zweiter Linie und das Ethische soll durch das Ästhetische erzielt werden. Tausend Jahre bevor Schiller seine Betrachtungen über die ästhetische Erziehung schrieb, war dieselbe in Japan schon in Übung.

Der Japaner entstellt auch sein Gesicht nicht durch Leidenschaften. Zornausbrüche mit all ihren häßlichen Begleiterscheinungen von Gesichtsverzerrungen und unharmonischen Bewegungen widerstreben seinem ästhetischen Sinn. Der Europäer, der sich seinen Gefühlen blind überläßt, sei es des Zornes oder des Schmerzes oder der Lust, gilt ihm als innerlich roh und ungesittet. Das lebhafte Mienen- und Gestenspiel von Franzosen und Italienern erfüllt ihn mit Staunen und Abscheu. Ein liebenswürdiges Lächeln umspielt im Verkehr mit dem Nächsten seine Lippen, aber lautes, zwerchfellerschütterndes Lachen ebenso wie lautes Schreien widerstrebt seinem feinen Gefühl und ist das ausschließliche Vorrecht von Kellnerinnen und Geisha, die eben jenseits der Grenze des Anstandes liegen. Der Japaner liebt das Harmonische nicht nur in seiner Umgebung, sondern auch an sich selbst. Die Trunksucht mit all ihrer abstoßenden Häßlichkeit ist in Japan ein wenig verbreitetes Laster. Rohe Krawalle, wie sie bei uns nur allzu häufig vorkommen, zumal als Nachspiele der Gemütlichkeit beim Alkoholgenuß, gibt es in Japan fast gar nicht. Auch rohes Schimpfen ist selten und Fluchen ist ganz unbekannt; und dieses nicht nur bei den besseren Klassen, sondern bis in die untersten Schichten des Volkes hinab. Es ist eine Wohlerzogenheit sondergleichen, eine wohltuende Harmonie, die durch das ganze Volk hindurchgeht.

So ist das Ästhetische eine das ganze Leben tief durchdringende Macht, eine Macht, welche tatsächlich die Richtschnur der gesamten äußeren und zum Teil auch der inneren Lebensführung bildet. Darf man doch unbedenklich behaupten, daß das

6. Weltanschauung und Geistesleben.

Ästhetische vielfach höher geschätzt wird als das Ethische, daß Etikette und seine Form in den populären Anschauungen weiter Kreise über der Sittlichkeit stehen. Daß eine so grundlegende Macht sich auch produktiv geltend macht, ist selbstverständlich.

Die Kunst beginnt hier eigentlich schon mit dem Handwerk. Denn auch der Handwerker ist in gewissem Sinn ein Künstler, wie umgekehrt der Künstler wieder ein Handwerker ist. Es ist schwer, hier die Scheidelinie zu ziehen. Was der Japaner als Handwerker, Kunsthandwerker und Künstler zu leisten im stande ist, das zu erkennen, braucht man heute nicht mehr nach Japan zu gehen, das läßt sich auch in unserer Heimat an so manchem Stück japanischer Kunst ersehen. Aber so hochentwickelt diese Kunst auch ist, so wunderbar fein bei aller scheinbaren Einfachheit die Ausführung ist, so bewegt sich der Künstler doch immer auf dem Gebiet des Realen, nicht des Idealen. Das Höchste in der Kunst ist das Objektive, die Natur. Der den Regeln der Kunst entsprechende Garten ist der naturgetreue Garten. Bei uns zwängt der Gärtner alles in Beete ein, streng nach den Regeln der Symmetrie. In den japanischen Gärten ist nichts in Beete gebracht, alles liegt bunt durcheinander und doch wieder harmonisch nebeneinander wie in der Natur. Der japanische Garten ist das Bild einer vollständigen Landschaft mit Seen und Bächen und Wasserfällen, mit Bergen und Tälern und Bäumen; natürlich alles, auch die künstlich so gezogenen Bäume, en miniature; und das, was wir in einem Garten am ehesten suchen würden, nämlich die Blumen, tritt in dem japanischen Garten, genau wie in einer Landschaft draußen auch, sehr in den Hintergrund. Die Natur ist die große Lehrmeisterin, bei welcher die Japaner in die Schule gehen.

Die Gegenstände japanischer Malerei sind fast ausschließlich aus der Natur, Flora und Fauna, entnommen. Ein kleiner Zweig blühender Pflaumenknospen oder ein Trio fliegender Kraniche ist ein Motiv, für welches sich auch der größte Maler begeistern kann. Und bewundernswert ist es, mit welcher nur durch Liebe zu seinem Gegenstand erreichbaren Meisterschaft er sich seiner Aufgabe entledigt: der gemalte Zweig scheint von dem

Zauber und Duft der Natur nichts eingebüßt zu haben. Auch das Trivialste erscheint nicht trivial; immer ist es durchwebt von dem poetischen Hauch der Natur. Man hat gesagt, ein japanisches Bild sei ein Gedicht. Ja, es ist ein Gedicht, so gewiß, als über der Frühlingslandschaft der Hauch der Poesie liegt; es ist ein Gedicht, weil und soweit es Natur ist. Aber da, wo das wirklich Ideale recht zum Ausdruck kommt, hört die japanische Malerei auf. Die Welt der Ideale ist ihr unbekannt, die persönliche Darstellung von Freiheit und Recht, von Wahrheit und Liebe, von Glaube und Hoffnung ist ihr ebenso unmöglich wie der Poesie. Und wie man in den Gedichten mit ihren 31 Silben in fünf Zeilen vergeblich nach großen Gedanken sucht, so auch auf den Gemälden. Der japanische Geist ist nicht auf das Große, sondern auf das Kleine und Feine hin veranlagt.

Das geistigste Wesen der Schöpfung bildet keinen Gegenstand der Malerei. Des Dichters Ausspruch, daß der Mensch das höchste Studium der Menschheit sei, ist der japanischen Kunst, ist dem Geistesleben des Japaners überhaupt fremd.

So wird uns also auch hier bestätigt, daß der Japaner nicht humanistisch, sondern realistisch veranlagt ist. Innerhalb der Grenzen dieser Veranlagung ist er uns überlegen, über die Grenzen hinaus vermag er wenig. Seine besondere Begabung in Verbindung mit seinem Unternehmungsgeist und seiner frischen Energie macht es zur Gewißheit, daß er in dem großen Weltverkehr erfolgreich mitkonkurrieren wird. Aber die geistige Führung werden wir in den Händen behalten.

7. Shintoismus und Buddhismus.

Obwohl die Weltanschauung des deutschen Volkes nach Sprache und Literatur, nach Religion und Kunst idealistisch ist, geht doch durch alle Stände und selbst durch kirchliche Kreise eine breite materialistische Strömung hindurch. In Japan ist die Weltanschauung wesentlich materialistisch und doch ist ein ausgedehntes geistlich-religiöses Leben vorhanden. Wohl ist es wahr:

die äußere Welt der greifbaren Wirklichkeit steht dem Japaner über der inneren Welt der Herzensideale, das praktisch-sittliche Leben über der Mystik. Sein eigentliches Ziel ist nicht, den Menschen zu sich selbst in Harmonie zu setzen, sondern das Verhältnis des Menschen zu seinem Nebenmenschen, des Gatten zur Gattin, des Kindes zum Vater, des Schülers zum Lehrer, des Untertanen zum Herrscher, des Freundes zum Freunde genau zu bestimmen. Der Japaner ist trotz seiner sittlichen Mängel in hohem Grade eine ethische, in schwächerem eine religiöse Persönlichkeit. Für die Geisteshöhen und -tiefen der Religion ist er weniger empfänglich als der Arier.

Aber so gewiß das alles der Fall ist, so findet doch auch auf das japanische Volk das Dichterwort seine Anwendung: „In allen Zonen liegt die Menschheit auf den Knien nach einem Göttlichen." Ja, es fehlt sogar nicht an solchen, deren religiöses Leben so innerlich lauter, so innig und sinnig ist, daß die materialistische Mongolennatur in ihnen kaum mehr zu erkennen ist. Das Bild dieser Leute, die vorläufig allerdings noch zu den Ausnahmen gehören, tritt uns aus Kanso Uschimura's anziehendem Büchlein „Wie ich ein Christ wurde" leuchtend entgegen.

Ich habe in Religionsstatistiken die Japaner mehrfach als Konfuzianer bezeichnet gesehen. Das ist unrichtig. Konfuzius stand der Religion völlig gleichgültig gegenüber. Seine Lehre ist keine Religion, sondern ein Sittensystem. Insofern die japanische Sitte und Sittlichkeit durch Konfuzius bestimmt ist — und sie ist das ganz und gar —, sind die Japaner Konfuzianer. Religiös aber sind sie Buddhisten mit shintoistischer Beigabe. In Japan sind Moral und Religion voneinander getrennt. Die Religion wendet sich fast nur an das religiöse Gefühl, während die Moral für sich besteht. Die Gebildeten begnügen sich mit dieser und sind somit unreligiös. Die breiten Massen des Volkes dagegen lassen sich damit nicht abspeisen.

Japan hat zwei Religionen, den Shintoismus und den Buddhismus. Dieselben haben sich aber im Verlaufe der Geschichte mannigfach innerlich beeinflußt und im Volksbewußtsein stehen sie sich so nahe, daß man ebensowohl zu dem buddhistischen

7. Shintoismus und Buddhismus.

Götzen „hotoke", als zu dem shintoistischen Gott „kami" betet, daß man ebensogut zu dem buddhistischen Tempel „o tera" wie zu dem shintoistischen „o miya" geht.

Der **Shintoismus** (shin = Gott, to = Weg, Lehre) ist ursprünglich Naturverehrung. Ein Blick in die Mythologie genügt, um das zu beweisen. Dem Gotte Izanagi, so wird uns da erzählt, wurden aus dem linken und rechten Auge und aus der Nase drei Kinder geboren. Unter diese verteilte er sein Reich. Seine Lieblingstochter Amaterasu (die Himmelerleuchtende) machte er zur Herrin der Sonne, die ebenfalls weibliche Tsuki no kami erhob er zur Göttin des Mondes und dem wilden Susano übergab er die Herrschaft über das Meer. Susano aber, welcher meinte, bei der Teilung zu kurz gekommen zu sein, grollte seiner bevorzugten Schwester Amaterasu. Unter dem Vorwande, sie besuchen zu wollen, stieg er einst auf und stürmte hinauf nach dem Himmel. Wütend durchbrach er das Dach der heiligen Webehalle, darinnen die Göttin die Kleider der Götter weben ließ, daß Amaterasu, empört ob solcher Gewalttat, mit den Ihrigen floh. Sie schloß sich in eine Höhle ein und wälzte einen großen Stein davor. Nun aber war große Not. Das Licht war gegangen und auf Himmel und Erde lag tiefe Finsternis. Da hielten ihre Gefährtinnen einen Rat, wie sie sie mit List wieder herausbekämen. Sie machten eine Schnur von kostbaren Edelsteinen und fertigten einen glänzenden Spiegel. Eine Gottheit fing an zu tanzen und die andern lachten und jauchzten. Als nun Amaterasu drinnen in der Höhle den Reigen hörte, wurde sie neugierig und lüftete ein klein wenig den Stein. Da brachten die Götter, um sie zu locken, die Edelsteinschnur an die Spalte und hielten ihr den Spiegel vor ihre Augen. Da sah sie ein wunderschönes Angesicht und volle Begierde, die holde Unbekannte noch deutlicher zu sehen, rückte sie den Stein noch weiter weg. Da aber griffen die Ihrigen zu, schoben den Stein ganz beiseite und zogen ihre Herrin im Triumph aus der Höhle heraus. Susano wurde bewältigt und aus dem Palast des Himmels hinausgeworfen.

In dieser Erzählung haben wir die kindlich poetische Darstellung des Gewitters. Aus den Wogen des Meeres tauchen die Nebel und steigen hinauf nach dem leuchtenden Himmel. Dort ballen sie sich zu schwarzen Wolken drohend zusammen, und die Sonne verliert ihren Schein und verschwindet, und es wird dunkel auf der Erde. Wütend tobt am Himmel das Gewitter, und in bangen Sorgen schauen die Menschen der entschwundenen Sonne nach. Aber siehe da, auf einmal scheint ein Strahl durch den Wolkenschleier und spiegelt sich wieder in der reinen glatten Fläche des Meeres. Und nun zerreißen die Wolken weiter und weiter, und strahlender denn zuvor kommt die „Himmelerleuchtende" aus dunkler Verborgenheit hervor. So stimmt Punkt für Punkt, und der Tanz und Reigen der niederen Götter vor der Höhle der entflohenen Sonne mit der Absicht, sie wieder hervorzulocken, — eine Erzählung, welche bestimmt auf eine alte religiöse Sitte dieser Art zurückzuführen ist, — deckt sich so auffallend mit den religiösen Übungen gewisser Völkerschaften bei Sonnenfinsternis, Gewitter ꝛc., daß man versucht ist, diese Dinge auf einen gemeinsamen historischen Ursprung zurückzuführen.

Wie schon aus der Erzählung hervorgeht, ist die oberste Gottheit dieser Naturreligion die Sonne bezw. der Himmel. Da nun aber die japanischen Kaiser von der Sonnengöttin und das ganze Volk von Susano und anderen niederen Gottheiten abstammt, so wird die Naturreligion zur **Ahnenverehrung**. Heute ist der Shintoismus dieses mehr als jenes. Zwar finden auch die personifizierten Naturgewalten, wie die Götter des Windes, des Feuers, der Fruchtbarkeit, der Pest ꝛc., noch ihre Verehrung, und in der ackerbauenden Bevölkerung, die sich zu jeder Zeit von der Natur abhängig fühlt, haben sie einen starken Rückhalt. Der Donnergott Kaminari ist heute noch so gefürchtet wie ehedem; der Reisgott Inari ist allzeit viel begehrt, und zu der großen Wohltäterin Amaterasu oder, wie sie in der religiösen Sprache heißt, Tensho Daijin schaut mancher in Andacht auf. Wenn man des Morgens früh über die Straße geht, kann man wohl sehen, wie einer oder der andere sich der aufgehenden Sonne gegenüber verneigt und sie mit Händeklatschen freudig begrüßt, und wenn man im Hochsommer auf den Gipfel des Fujisan steigt, so erblickt man Dutzende von Pilgern, welche sich auch die weiteste

7. Shintoismus und Buddhismus.

Reise nicht verdrießen lassen, um der Sonne an diesem ihr besonders geweihten Ort ihre Verehrung darzubringen.

Aber es ist doch wesentlich nur draußen in der Natur, wo die Natur noch ihr Recht fordert. Drinnen in den Häusern sowohl als auch im öffentlichen Leben ist der Shintoismus Ahnenkultus geworden. Die schönste Zeit für den Japaner beginnt eigentlich erst mit der Stunde seines Todes. Denn durch den Tod wird der Sterbliche unsterblich und der Mensch ein Gott. Vor kleinen Hausaltären, wo ihnen in naturweißen Holzgehäusen, Tamashiro genannt, Wohnung bereitet ist, verehrt man sie und bringt ihnen aus Reis, Fisch, Sake ꝛc. bestehende Speisopfer dar; doch verbinden sich damit mehr Gedanken der Pietät als der Religiosität.

Öffentliche Götter sind neben den Naturgottheiten nur die Geister der kaiserlichen Ahnen und bedeutender Persönlichkeiten. In unsere Verhältnisse übertragen, würde nicht nur Kaiser Wilhelm I., sondern, falls es dem späteren Kaiser so gefallen hätte, auch Moltke und Bismarck unter die Götter versetzt sein. So ist z. B. Ojin Tenno, der Sohn der kriegerischen Kaiserin Jingo, welche die ersten Feldzüge nach Korea unternahm (um die Mitte des dritten Jahrhunderts), zu dem überaus populären Kriegsgott Hachiman geworden. Die Götter werden von dem Kaiser, dem Nachkommen und Stellvertreter der Sonnengöttin, ernannt. Der Kaiser selbst wird von dem gewöhnlichen Volke immer noch als Gott betrachtet, und wenn auch die aufgeklärten Klassen längst nicht mehr an das Märchen von seiner Gottessohnschaft glauben, so schweigen sie sich doch klugerweise darüber aus. Der Kaiser ist der Vermittler zwischen dem Volk und der Gottheit, der Hohepriester seines Volkes. Tag für Tag betet er zu den Geistern seiner Ahnen für des Volkes Wohl, und an gewissen Tagen und bei großen Staatsaktionen hat der Hof und die hohe Beamtenschaft die Pflicht, sich an den Gebetszeremonien zu beteiligen. Man darf daher den Shintoismus die japanische Hofreligion nennen.

Ich hielt mich während der Juli- und Augustmonate der Jahre 1892 und 1893 in der Ferienzeit, zusammen etwa zwölf Wochen, in dem weltabgeschiedenen Priesterdorf Mitake auf, wo ich reichlich Gelegenheit hatte, den populären Shintoismus kennen zu lernen. Von Tokio fährt man mit der Eisenbahn vier Stationen weiter nach Westen, dann geht es in sechsstündigem Marsch durch die heiße Ebene an dem Tamagawa vorbei, welcher, wohl kanalisiert, das Wasser für die Millionenstadt Tokio liefert, und in weiteren zwei Stunden durch einen schönen Wald steil den Berg hinan. Schon eine halbe Stunde vor dem Ort zeigt ein mitten im Wald quer über dem Weg aufgestelltes Torii an, daß man sich einem Shintotempel nähert. Das Torii ist das Eingangstor des o miya und besteht aus zwei senkrechten Holzpfeilern mit einem oder auch zwei Querbalken oben drüber. So einfach das Torii aussieht, so charakteristisch ist es. Am Fuße des letzten kurzen Aufstiegs, auf welchem der Tempel steht, kommt man wieder durch ein hochragendes Torii, und nach weiteren drei Minuten steht man vor dem o miya. Das o miya oder yashiro liegt in einem prächtigen Parkwald von uralten Kryptomerien, deren eine ich und meine zwei Studenten mit noch einem vierten nicht zu umspannen vermochten, und die stimmungsvolle Umgebung, welche nicht bloß diesen, sondern fast allen Shintotempeln und auch den Heiligtümern des Buddhismus eigen ist, macht auf den Besucher unwillkürlich Eindruck. Der Bau des Tempels ist von mehr als puritanischer Einfachheit, jeder äußere Schmuck ist verpönt. Der Tempel ist geteilt in das Haiden, wo die Priester dem Kami ihre Verehrung zollen, und das Honden, in welchem der Gott seine Wohnung hat. Götzenbilder gibt es nicht, da sich der Shintoist seinen Gott als Geist oder vielmehr als Gespenst denkt. Im Innern des Haiden befinden sich eine große Trommel, welche von Zeit zu Zeit gerührt wird, ein Metallspiegel als Symbol der Reinheit, einige kleine Holzgehäuse (Tamashiro) als Wohnungen für die Geister, und, was zunächst am meisten auffällt, zickzackförmig geschnittene, herabhängende weiße Papierstreifen („Gohei"), über deren Bedeutung keine Klarheit herrscht.

In dem Haiden versehen des Tags über drei Priester („Kannushi") den Dienst. Die Priester sind, im Gegensatz zu den Buddhapriestern, verheiratet, und das ganze Dorf Mitake besteht ausschließlich aus Priesterfamilien. Das Amt erbt vom Vater auf den Sohn, doch ist ein Zwang durchaus nicht vorhanden; es steht jedem frei, sich einen andern Beruf zu wählen. Ihre Bildung ist nicht weit her. Gehalt beziehen sie nicht; doch werden ihnen von den Gläubigen, die in der ganzen Gegend zerstreut wohnen und deren Zahl sich auf zweihunderttausend belaufen soll, kleine Gaben an Reis und andern Früchten und zuweilen auch an Geld gebracht. Dabei könnten sie freilich verhungern, zumal sie auch noch den Kami mit ernähren müssen und den Tempel zu unterhalten haben. Sie haben daher ihre Zuflucht zu dem Ackerbau genommen. Im gewöhnlichen Leben sind sie weiter nichts als Bauern, von denen sie sich weder sozial, noch geistig, noch sittlich im geringsten unterscheiden. Wenn dann alle vierzehn Tage wieder einmal die Reihe zum Tempeldienst an sie kommt, ziehen sie den Bauernkittel aus und legen die Priestertracht, weite Hose (hakama), Überwurf und hohe schwarze Kappe, an und gehen früh morgens zum Tempel hinauf. Das wichtigste Geschäft, welches sie dort zu besorgen haben, ist die Bereitung des Opfers für den Gott. Das Opfer besteht aus denselben Speisen, welche gewöhnliche Sterbliche auch essen, und auch der Sake ist nicht vergessen. Man nimmt an, daß der Gott den Geist aus der Speise herausgenießt; damit aber auch die Materie nicht verloren geht, so lassen sich die Priester dieselbe als Mahlzeit gut schmecken, und da man neben andern guten Dingen auch an Sake um des Gottes willen nicht sparen darf, so habe ich sie manchmal des Abends in recht heiterer Stimmung vom Tempeldienst zurückkehren sehen. Die Vorstellungen, welche der Shintoismus von Göttern und Geistern hat, sind von kindlicher Naivität. Man denkt sie sich nach Art von Menschen. Darum bringt man ihnen Opfer dar, darum sucht man sie durch Tänze und Prozessionen zu unterhalten; darum auch muß man durch starkes Geräusch, Trommelwirbel und Schellengeklingel, — viel Spektakel ist immer das Kennzeichen niedrig stehender Kulte — ihre Aufmerksamkeit zu erwecken suchen; denn es wäre ja möglich, daß sie wie die Götter Homers gerade zufällig über Land gegangen wären oder ein Schläfchen hielten. So wurde ich während der Zeit meines Aufenthaltes regelmäßig zwischen fünf und sechs Uhr morgens

geweckt; dann war die Zeit des Morgengebets für den Priester
gekommen, und um dem Kami die Ohren für dasselbe zu öffnen,
klopfte er erst tüchtig auf seiner großen Trommel herum. Auch
wenn sich Pilger dem o miya nähern, ist das erste, daß die dienst=
tuenden Priester den Kami durch lauten Trommelwirbel davon
in Kenntnis setzen, daß ihm wieder einmal eine Ehre widerfahren
soll. Zu gewöhnlichen Zeiten passiert ihm das selten genug.
Sind doch selbst Wochen darüber hingegangen, bis Beter kamen,
und auch dann waren es nicht mehr als zwei oder drei. Da=
gegen pilgern sie im Frühling an einigen bestimmten Wallfahrts=
tagen zu Hunderten und Tausenden hinauf, lassen sich als Gegen=
leistung für ihre kleinen Gaben einen Tag oder zwei in den
Priesterhäusern bewirten und ziehen dann, nachdem sie alle im
Umgrenzungsgebiet des Kami gelegenen kleinen Schreine und
heiligen Plätze besucht haben, wieder in die Ebene hinab mit dem
frohen Bewußtsein, für ein Jahr wieder einmal ihrer religiösen
Pflicht gegenüber dem Kami genügt zu haben. Für besondere
Zeiten müssen es schon besondere Gründe sein, die sie zum o miya
hinaufführen.

Ist der Pilger am o miya angelangt, so zieht er seine San=
dalen oder Holzschuhe (geta) aus und steigt die Treppen empor.
Auf einer oben befindlichen Plattform vor dem Haiden bleibt er
stehen, denn in den Tempel hineinzugehen ist ihm nicht erlaubt.

Bei den Tempeln, wo keine wachehabenden Priester sind, die
den Gott auf den Gläubigen aufmerksam machen, ist eine Schelle
angebracht, die der Gläubige zieht, oder ein Gong, das er an=
schlägt. Danach verneigt er sich, klatscht in die Hände und bleibt
eine Viertelminute wie in tiefer Ehrerbietung und Andacht stehen.
Danach ein abermaliges Händeklatschen, und der ganze Gottes=
dienst ist zu Ende. Mit Worten betet er dabei nicht; es kommt
ihm nur darauf an, durch seinen Besuch und den Erweis seiner
Ehrerbietung die Gunst der Gottheit zu gewinnen. Länger als
eine halbe Minute währt der Gottesdienst nicht, und eine andere
Art des Gottesdienstes, etwa mit Predigt und Liturgie, ist dem
Shintoisten nicht bekannt. Predigten werden nicht gehalten, und
im allgemeinen ist der Gläubige zufrieden, daß der Kaiser und

7. Shintoismus und Buddhismus.

die Priester für ihn beten. Das ist ja doch unendlich viel wirksamer als alle Verehrung eines einfachen Mannes, der vor dem Angesichte des Kami wenig gilt.

Welches sind nun die Anliegen, derentwegen die Pilger vor der Gottheit erscheinen? Mitunter sind es Krankheiten, zuweilen auch Heirats- und andere Schmerzen, in weitaus den meisten Fällen aber sind es Erntesorgen. Die große Frühjahrswallfahrt bedeutet den Dank für die Ernte des Vorjahrs und zugleich die Bitte um neuen Erntesegen. Auch bei den paar Pilgern im Sommer waren es Witterungssorgen, die ihnen am Herzen lagen. Denn während wir hoch oben auf dem Berge die halbe Zeit im Nebel saßen und Feuchtigkeit im Überfluß hatten, brannte in der Ebene die Sonne heiß auf die Felder nieder und trocknete sie aus. Da machte sich denn der eine oder andere in der Angst seines Herzens auf zum „Amagoi" (Bittgang um Regen). Erweist sich aber der Bittgang des gewöhnlichen Gläubigen dauernd als erfolglos, so holen die Priester den großen Drachenkopf, die Maske der Gottheit, hervor, um in festlichem Umzug ein feierliches „Amagoi" nach dem Wasserfall zu unternehmen, wo man durch Untertauchen des Drachenkopfes den Gott fühlbar an das nasse Element erinnert. Dieser ebenso nachdrücklichen als ehrenden Prozedur, so glaubt man, kann der Kami gewiß nicht widerstehen.

So rufen die Priester Humbug und Aberglauben zu ihrer Hilfe herbei, und um ihrer Stellung willen tun sie gut daran; denn es ist sonst nichts, was ihrer Stellung Halt verleiht. Gottesdienste halten sie nicht. Seelsorge ist ihnen gänzlich unbekannt. Selbst bei Beerdigungen werden sie selten, die Mitakepriester nie, in Anspruch genommen, da man die Toten in der Regel buddhistisch beerdigen läßt. Jugendunterricht kümmert sie nicht. In den weltlichen Fächern sind die wenigsten unter ihnen, die Landpriester vollends nicht genugsam beschlagen, und Religionsunterricht können sie schon darum nicht erteilen, weil der Shintoismus Morallehre nicht besitzt, wenn ihm auch ein sittlicher Wert nicht abzustreiten ist insofern, als er zur Förderung der Kaisertreue und der Pietät gegenüber den Vorfahren nicht wenig beiträgt.

Je mehr er aber die Moral des Herzens und Lebens vernachlässigt hat, desto mehr Gewicht legt er auf Äußerlichkeiten, im besonderen auf Zeremonien der Reinigung. Wie bei andern Völkern, so gibt es auch hier gewisse Dinge, welche, wie Geburt und Tod, verunreinigen. Diese Verunreinigung wird durch Abwaschung des Körpers mit Wasser wieder gutgemacht. Ehe der Priester zum Tempel geht, hat er sich einer Reinigung zu unterziehen. Während gewöhnliche Besucher das Haiden des Tempels nicht betreten, ist das mir und meinen beiden christlichen Schülern einmal gestattet worden, da wir den Wunsch ausgesprochen hatten, die Schätze des Tempels — ein paar sehr alte Schwerter nebst Rüstung ꝛc. — zu besichtigen. Wir traten in das Haiden und ließen uns in japanischer Weise auf dem mit Matten belegten Boden nieder. Danach kam der Oberpriester in feierlicher Amtstracht an uns heran und bestrich uns mit einem Wedel von „Gohei" an einem Zweige des heiligen Sakakibaumes Kopf und Körper. Diese Reinigung („harai") war symbolischer Art, und es ist wohl anzunehmen, daß sich ursprünglich auch der Gedanke einer inneren Reinigung damit verband, vielleicht daß es eine Art Exorzismus, die Austreibung böser Geister wie bei Besessenen, sein sollte.

Ich habe mich auf Mitake bemüht, herauszubringen, wer die Gottheit ist, die man dort verehrt. Der Shintoismus hat eine Unmenge von Göttern. Das Kojiki spricht von achthundert Myriaden, d. h. von acht Millionen, und da sind die bösen Götter noch nicht einmal dabei; und seit den Zeiten des Kojiki ist die Zahl noch größer geworden. Man denkt sich eben den Himmel in derselben Weise bevölkert wie die Erde. Die gewöhnlichen Götter, die selbst nur Diener der höheren sind, sind für die religiöse Verehrung belanglos. Die in Mitake verehrte Gottheit ist als eine mit der Landwirtschaft befaßte Naturgottheit gedacht, aber in unklarer Weise; ich habe in der Umgebung des Berges einen Schrein gefunden, der einem berühmten uralten Lokalhelden gewidmet ist, und es ist sehr wahrscheinlich, daß die Verehrung ursprünglich ihm gegolten hat. Später ist der Lokalheros mit einer Naturgottheit in eins zusammengeschmolzen. Ein Priester fabelte mir vor, daß er in Gestalt eines weißen Wolfes erscheine. Tierkultus und Tieraberglaube sind im Shintoismus nicht wenig

7. Shintoismus und Buddhismus.

ausgeprägt. Der Fuchs als Bote und Diener des populären Reisgottes Inari genießt einer ganz besonderen Verehrung. Mit den Zauberkünsten von Fuchs, Tanuki (Viverrenhund) und Katze beschäftigt sich die Volksphantasie in hohem Grade; es knüpfen sich an sie eine Menge von Fabeln und Märchen, die dort vom gewöhnlichen Volk mit demselben Andachtsschauer angehört werden wie bei uns ähnliche Geschichten von den Kindern. Eine unserer gefördertsten Christinnen teilte mir einst mit, daß auf Surugadai ein Fuchs eingefangen worden sei, welcher weissage; eine ihrer Freundinnen sei dort gewesen, ihn zu hören. Ich erklärte die Sache für Schwindel. Darauf entgegnete sie nach einigem Besinnen: „Das mit dem Weissagen, das mag wohl Schwindel sein; aber daß es Füchse gibt, die sprechen, ist eine bekannte Tatsache." Erst als bald darauf hinter dem Fuchs ein bauchredender Shintopriester entdeckt wurde, kam sie von ihrem Aberglauben zurück. Daß jemand von einem Fuchs, seltener von einem andern Tier, sich besessen wähnt, ist eine nicht seltene Frucht solchen Aberglaubens. Dr. Bälz, deutscher Professor der Medizin an der kaiserlichen Universität in Tokio, hat selbst solche Fälle in Behandlung gehabt. In einem Teile von Jzumo gibt es ganze Familien, die als Fuchsbesessene gelten, und eheliche Verbindungen und nähere Berührungen mit ihnen werden ebenso ängstlich vermieden wie mit aussatzbehafteten Familien. Fuchs, Tanuki und Katze haben die Macht, sich in Menschengestalt zu verwandeln, um ihr Hexenwerk zu verrichten, während umgekehrt die bösen Geister oft die Gestalt von Tieren annehmen. Die Furcht vor diesen Zaubertieren ist daher groß im Volk. Dagegen gibt's auch einige, welche eine gute symbolische Erscheinung haben; so bedeuten Schildkröte und Kranich langes Leben.

Auch die Pflanzenwelt liefert Material genug zu anmutender Symbolik, die aber auch gar leicht zum Aberglauben wird. Zweige des heiligen Sakakibaumes dürfen bei keiner shintoistischen Ritualhandlung fehlen, und bei Begräbnissen nach dem shintoistischen Ritus wird von jedem Leidtragenden unter tiefer Verneigung gegen den Toten ein Sakakizweig als Opfer niedergelegt. An Neujahr wird der Eingang in das Haus mit Bambus, dem lang aufschießenden, und mit Fichte, der immergrünen, den Symbolen langen Lebens, geschmückt, und für ein Ehepaar, dessen Hochzeit nicht unter Bambus, Fichte und Pflaumenblüte stattgefunden hat, ist wenig Gutes zu erwarten. So stehen die japanischen Volks= sitten mit ihren oft sehr sympathischen Zügen in enger Beziehung zu dem Shintoismus. Schade nur, daß man aus der ganzen peinlich=skrupulösen Art, mit der man sie handhabt, den Aber= glauben herausmerkt. Wenn man aber in unserm Volk noch Züge eines ähnlichen Aberglaubens findet, so ist in Analogie mit Japan die Quelle davon unschwer zu entdecken: es ist die alte heidnische Religion.

Als die Urahnen des Volkes vom Festland nach Japan ein= wanderten, brachten sie den Shintoismus schon mit. Die Ähn= lichkeit mit dem altchinesischen Animismus weist das zur Genüge nach. Bis zur Mitte des sechsten Jahrhunderts, d. h. bis zum Auftreten des Buddhismus in Japan, war der Shintoismus die einzige Religion.

Sobald aber der Buddhismus Ernst machte, war es mit der Herrlichkeit des Shinto vorbei; der öde Kult war dieser Macht mit ihrer äußeren Pracht, ihrem religiösen Ernst und ihrer sitt= lichen Tiefe nicht gewachsen. Und als der neue Glaube vollends weitherzig genug war, auch die Götter des Shintoismus in sein System zu übernehmen, da nahm man vom Kaiser bis zum Bettler keinen Anstand mehr, sich dem Neuen zuzuwenden. Nun trat für den Shintoismus eine Zeit ein, da man nur noch von einem Vegetieren desselben sprechen darf. Zwar lebte er mit der neuen Zeit noch einmal auf, und die Losung: „der Sohn des Himmels wider den Shogun" kam ihm mächtig zu statten. Aber die eigentliche Volksreligion ist der im Volke gewurzelte Buddhis= mus, der religiöse Führer der Japaner ist Buddha.

Wenige Meilen südwestlich von Yokohama liegt Kamakura. Im Mittelalter war es die blühende Residenz der Shogune, deren Einwohnerzahl auf über eine Million geschätzt wurde, heute ist es ein elendes Fischerdorf. Unter den wenigen Zeugen einer längst entschwundenen Pracht befindet sich eine Riesenstatue des Buddha. Dieselbe wurde um das Jahr 1250 aus Kupferbronze

7. Shintoismus und Buddhismus.

gefertigt. Mehr als einmal bin ich in ihrem Innern in die Höhe gestiegen und habe durch das Auge des erleuchteten Weisen hinausgeschaut in die Weite.

Die wahrhaft erschütternde Resignation in diesem ruhigen, leidenschaftslosen, frauenhaft weichen Angesicht war nie ohne Eindruck auf mich geblieben, und immer wieder ging mir's dabei wie die unsagbar traurige Weise eines melancholischen Klageliedes durch den Sinn:

> „Ist einer Welt Besitz für dich zerronnen,
> Sei nicht in Leid darüber; es ist nichts.
> Und hast du einer Welt Besitz gewonnen,
> Sei nicht erfreut darüber; es ist nichts.
> Vorüber gehn die Schmerzen und die Wonnen;
> Geh an der Welt vorüber; es ist nichts."

Niemals habe ich mich dort erbaut und gehoben gefühlt wie in einer christlichen Kirche, wehmütig bewegt ging ich jedesmal davon, und doch zog es mich immer wieder hin. Befriedigt war ich nie, denn das habe ich stets deutlich empfunden: „Diese stumme Resignation ist nur ein Scheinfriede; das kann das Ende nicht sein!" und gerade aus dieser hoffnungslosen Entsagung tönte mir lauter als aus den leidenschaftlichen Ausbrüchen des Schmerzes der Verzweiflungsruf entgegen: „Ich elender Mensch, wer wird mich erretten von dem Leibe dieses Todes?" Es ist kein Heiland, der da herabschaut; denn sein zur Erde gesenktes Auge hat keinen Blick für den Himmel und sein streng geschlossener Mund öffnet sich nicht in dem Siegesruf: „Seid getrost, ich habe die Welt überwunden!" Aber es ist ein Mensch, der den Jammer der Welt, das Elend der leidenden Menschheit in weichem, warmem Herzen wie wenige Sterbliche mitempfunden hat. Es ist die Majestät des Leidens, die in ihm verkörpert ist, es ist der Apostel der **Entsagung**, den wir da vor uns haben.

Dieselben Töne, welche der Prediger Salomos in mächtig ergreifenden Akkorden anschlägt und die im Buche Hiob und an hundert andern Stellen der Heiligen Schrift ihr Echo finden, bilden den Grundton seiner Verkündigung. Leben ist Leiden, lehrt der indische Weise, und wer vom Leiden befreit sein will, muß auf das Leben verzichten. Die Erscheinungen des Daseins, das Sein und Werden der Welt sind nicht Wahrheit, sondern Schein. Alle Freuden und Genüsse des Lebens sind wie eine glänzende Fata Morgana, die nicht befriedigen will noch kann, vielmehr den unglückseligen Menschen, der wahnumfangen sich ihr hingibt, in das Verderben lockt. Selig, wer ihnen zu entsagen die Kraft hat, wer den Schleier der trügerischen Maya (Schein) zerreißt und die Wahrheit erkennt, die da heißt — das Nichts, das doch mehr ist als das Nichts. Wer am Leben hängt, bleibt ewig unglücklich. Nicht das Hoffen sondern das Entsagen, nicht das Wünschen sondern das Stillsichbescheiden, nicht das Tun sondern das Lassen, nicht das Streben und Kämpfen sondern das sinnende Sichversenken, mit einem Wort: die Ertötung der „Begierde" im Menschen ist es, was selig macht. Wer mit der Welt innerlich gebrochen und mit dem Leben abgeschlossen hat, dem können Welt und Leben nichts mehr anhaben, er ist über sie erhaben, er hat den Frieden. Wem aber das eigene „Ich" noch etwas wert ist, der bleibt zu seinem eigenen Fluch gebannt an dieses „Ich", und ob er auch stürbe, so kann die Seele doch nicht sterben, weil sie nicht sterben will; sie geht in einen andern Körper über, sei es eines Menschen, sei es eines Tieres, sei es gar noch eines niedrigeren Wesens. Erst wer in einer langen Reihe von Seelenwanderungen gelernt hat, die Eigenlust und Selbstsucht des „Ich" zurückzudämmen und zu vernichten, der soll wie der Tautropfen, der von dem Strahl der Morgensonne aufgesogen wird, eingehen in das Nirwana, das Reich der ewigen Ruhe. Buddha kennt weder Gott noch Erlöser. Da ist niemand, der dem armen Menschen beisteht, zum Nirwana kommt er nur aus eigener Kraft. „Was der Mensch säet, das wird er ernten," das ist das Gesetz, das mit unerbittlicher, durch keine Gnade gemilderter Strenge durch die sittliche Welt hindurchgeht und Sünde und Strafe wie Ursache und Wirkung in regelrechter Folge miteinander unlöslich verkettet. Aus Gutem wird Gutes geboren und aus Bösem Böses; der Bettler, der gute Taten getan, kann als Fürst wiederum das Licht der Welt erblicken, während der grausame Machthaber über Millionen in einem neuen Dasein

7. Shintoismus und Buddhismus.

als ein gehetztes Wild des Feldes die Schuld seiner früheren Sünden bezahlt.

Diese **ursprüngliche Lehre** des Buddhismus, wie sie im vorstehenden in gedrängter Kürze dargestellt ist, ist in Japan nur noch für den tieferen Beobachter bemerkbar. Sie hat auf das Volk, diesem selbst unbewußt, einen tiefgehenden Einfluß ausgeübt; das unabänderliche Gesetz von Ursache und Wirkung hat jenes tiefmelancholische, resignierte „shikata ga nai" (es läßt sich nicht ändern) geschaffen, welches für die Japaner so charakteristisch ist. Für das Bewußtsein des einzelnen aber ist sie, wenn wir von einigen tiefer veranlagten Priestern und Gelehrten absehen, nicht mehr vorhanden. In einzelnen ihrer Züge ist sie in ihr genaues Gegenteil verkehrt, den Rest hat ein ungeheurer Wust von Äußerlichkeiten für das Auge des einzelnen völlig verdeckt.

Eine wahrheitsgetreue Schilderung des japanischen Buddhismus klingt geradezu lächerlich. Buddha war Atheist. Wenn man aber in einen recht populären „tera" eintritt wie z. B. in den Asakusatempel in Tokio, so sieht man vor lauter **Götzenbildern** keinen Tempel mehr. Da stehen sie eines neben dem andern, eines grotesker als das andere. Im Anfang, als ich hinüberkam, dachte ich idealistisch hoch auch noch vom Götzendienst. Die Heiden, so meinte ich, beten doch gewiß nicht zu dem Holz oder Stein oder Metall, daraus der Götze gefertigt ist; sie beten vielmehr den Geist an, den sie sich dahinter denken. Mir schwebte dabei dunkel etwas vor wie von der Anbetung des unbekannten Gottes. Es hat mir leid genug getan, als ich bald schon von dieser Ansicht zurückkommen mußte. Es ist eine ganz stumpfsinnige, gedankenlose Verrichtung; an einen Geist, der dahintersteht, denken sie nicht.

In dem Vordergrund steht der freundliche Himmelskönig Amida, der nach chinesischem Vorbild auch in Japan ganz die Stelle Buddhas eingenommen hat. Keine Gebetsformel wird so oft gesprochen als die: „Namu Amida Butsu", d. h. Ehre dem unendlichen Buddha. Die eigentlichen Penaten oder Hausgötter sind die sieben Glücksgötter, nämlich die Götter des Ruhms, der Liebe, der Gescheitheit, des Reichtums, der Nahrungsmittel, der

Zufriedenheit und des langen Lebens. Besonders beliebt sind, dem Geschmacke der Menge entsprechend, Daikoku, der Gott des Reichtums mit einem vollgefüllten Sack auf dem Rücken, und Ebisu, der Gott der Nahrungsmittel mit einem Fisch auf dem Arm; das Geld und der Magen spielen bei der Durchschnitts=
menschheit halt doch die erste Rolle. Ihre grotesken Figuren sind in den meisten Häusern zu finden, und in den Häusern der Euro=
päer sieht man sie vielfach unter den Nippsachen.

Bei populären Tempeln sieht man schon am Eingangstor zu beiden Seiten der Türöffnung hinter einem Gitterwerk zwei große Holzfiguren, die Bildnisse riesenhafter Männer. Sie sind dargestellt wie im Kampf mit den bösen Geistern, denen sie den Eintritt zum Tempel verwehren, die Muskeln ihres Körpers treten straff hervor und ihre Gesichtszüge sind verzerrt. Sie verdienen im besten Sinne des Wortes greulich genannt zu werden. Bei näherem Hinschauen bemerkt man, daß die Leiber dieser Riesen über und über mit kleinen runden Papierklümpchen bedeckt sind. Wenn nämlich jemand ein Anliegen hat, so schreibt er dasselbe auf ein Stück Papier, verkaut dieses im Munde, ballt es zu einem Klümpchen zusammen und speit es dem Nio an. Bleibt es hängen, so wird die Bitte erhört, fällt es aber ab, so findet sie keine Gewährung und der Bittgänger mag dann ein anderes Mittel versuchen, um zu seinem Ziele zu kommen.

Es gibt eine Reihe von Göttern, die von nicht minder ge=
wöhnlicher Art sind und gerade sie erfreuen sich großer Beliebt=
heit. Wer den großen Tempel von Asakusa besucht, dem fällt vor allem ein Hotoke auf, welcher schon durch sein abgenutztes Äußeres beweist, daß er in großer Gunst bei dem Volke steht. Hände und Füße und andere Körperteile des Götzen sind fast vollständig durchgescheuert, die Nase ist so sehr abgerieben, daß sie nicht mehr nach außen, sondern nach innen sich erstreckt, ein Anblick, der mehr zum Lachen als zur Andacht reizt. Der merk=
würdige Gott ist der Wunderdoktor Vinzuru, welcher, wie der berühmte Doktor Eisenbart, die Leute kuriert nach seiner Art. Wenn nämlich jemand eine Nasenkrankheit hat, oder an irgend einem andern Glied leidet, so reibt er mit der Hand den ent=

sprechenden Körperteil des Hotoke und der Wunderdoktor Binzuru sorgt für das Weitere.

Den Ehrenplatz im Asakusatempel nimmt eine Gottheit edlerer Art ein, welche als die sympathischste Erscheinung der japanischen Götterwelt bezeichnet werden darf. Es ist die Göttin der Barmherzigkeit, Kwannon genannt. Von ihr wird erzählt, daß sie, als sie die höchste Stufe der Vollkommenheit erreicht hatte, es verschmähte, in das Nirvana, den Zustand seligen Vergessens, einzugehen. Sie wollte lieber da verweilen, wo sie die flehenden Bitten und Angstrufe der armen Menschen hören konnte, um ihnen beistehen zu können in ihrer Not. Sie wird zuweilen dargestellt mit mehreren Köpfen, fast immer aber mit einer großen Anzahl, eigentlich tausend, Händen. Das sieht sich zwar sonderbar genug an; aber es ist doch ein schöner Zug, welchen das Heidentum hier aufweist: die Göttin der Barmherzigkeit streckt den auf dem flutenden Ozean des Lebens treibenden Menschen tausend Hände entgegen, um sie an das rettende Ufer zu bringen.

Der praktische Buddhismus geht in der Götzenanbetung nicht auf; das ganze Beiwerk von Aberglauben, welches sich an andern Orten als eine unvermeidliche Beigabe des Heidentums erweist, findet sich auch hier. Mancher, der dem Gotte seine Verehrung bezeugt hat, geht darnach zum Priester hin, um sich ein „o fuda" zu kaufen. Das ō fuda (fuda = Karte; o = Respektspartikel) ist ein Kärtchen, auf welchem in der heiligen Bonjischrift geheimnisvolle Charaktere gemalt sind, während unten zur Beglaubigung das große Siegel des Tempels angebracht ist. Das ō fuda enthält einen Zauber, und zwar kann man einen Zauber bekommen gegen alles Mögliche und noch einiges mehr, je nach Wunsch. Das eine hilft gegen Cholera, das andere gegen die Pocken, ein drittes bringt Glück in den Haushalt, ein anderes verhilft zu langem Leben, und wieder eines bannt die gefürchteten „oni", die bösen Geister, vom Hause, solange es in demselben aufbewahrt wird.

Von den o fuda bis zu Amuletten aller Art ist nur ein kleiner Schritt — überall und so auch hier. Und wie man es auch in höher stehenden Religionen fertig gebracht hat, heiliges

Wasser und heilige Erde zu verkaufen, welche für das gemeine Volk sofort zu Zaubermitteln werden, so macht man auch hier mit heiligem Wasser, heiligem Sand und anderem mehr gute Geschäfte.

In äußeren Dingen besteht eine auffallende **Ähnlichkeit zwischen Buddhismus und Katholizismus**. Beide haben die hierarchische Ordnung mit Erzbischöfen, Bischöfen, Äbten und Priestern. Auch der buddhistische Bischof hat seinen Krummstab. Der Bonze (japanisch „bozu" = Priester) trägt ein Priestergewand wie der katholische Geistliche, und beide Bekleidungen sehen sich noch dazu recht ähnlich. Die gewöhnliche Tracht ist von schwarzgrauer Farbe; bei feierlichen Amtshandlungen aber vertauscht man dieses einfache Kleid mit einem farbenprächtigen Gewand, welches wiederum stark an die katholische Amtstracht erinnert. Dasselbe ist je nach der Ansehnlichkeit und dem Reichtum des Tempels mitunter sehr kostbar, und prächtige Seiden- und Goldstickereien sind keine Seltenheit. Es ist ein prunkvolles Schauspiel, bei hervorragenden Beerdigungen oder sonst einer besonderen Feierlichkeit Dutzende von Priestern beieinander zu sehen in Gewändern, eines prächtiger als das andere, und wenn in eintönig singendem Ton die Litaneien und Responsorien ertönen und die anbetenden Verneigungen der knieenden Priester erfolgen, und die Weihrauchkessel werden geschwenkt, daß einem der eigentümliche und wohlbekannte Geruch in die Nase steigt, so gehört keine übergroße Phantasie dazu, um sich in einen katholischen Gottesdienst versetzt zu fühlen.

Auch der Bonze hat die Tonsur, nur daß er sich nicht mit einer kleinen kahlen Stelle auf dem Hinterhaupt begnügt, sondern den ganzen Kopf glatt rasiert. Auch für den Bonzen gilt das Gebot der Ehelosigkeit — mit einziger Ausnahme der Shinsekte. Das Mönchtum existiert hier wie dort, und hier wie dort besteht neben dem Cölibatsgelübde auch das der freiwilligen Armut. Hier wie dort leben die Mönche bald in Klöstern zusammen, bald als Einsiedler in Klausen. Bei beiden hat das Fasten eine bedeutungsvolle Stelle. Gibt es auch Nonnen in Japan nicht sehr viele, so fehlen sie doch keineswegs, und wer sich auch nur kurze Zeit im Lande aufhält, dem kann auch die eigentümliche Erscheinung der Bettelmönche nicht entgangen sein. Mit großen Hüten, die sich wie umgekehrt auf den Kopf gestülpte riesige Schüsseln ausnehmen, in mönchischer Tracht, gehen sie, die nimmer ruhende Schelle in der Hand, von Haus zu Haus und nehmen, unter fortwährendem eintönigem Ableiern ihrer Bitte, die aus der kleinsten Kupfermünze bestehenden Gaben in Empfang, und bei keinem Hause gehen sie leer aus.

Der Rosenkranz, der bei den Katholiken eine so große Rolle spielt, ist bei den Buddhisten nicht weniger im Gebrauch. Ich habe mir in Osaka in der Nähe eines tera einen Rosenkranz gekauft, welchen ein Protestant, der nicht ganz genau in die Geheimnisse dieser Art eingeweiht ist, nimmermehr von einem katholischen unterscheiden könnte. Der Rosenkranz ist ein Beweis, welches Gewicht auf die Quantität gelegt wird. Die Shingou- und Tendai-Sekten aber ziehen von dieser Grundlage aus die letzte Folgerung: um es zu einer möglichst großen Menge von Gebeten zu bringen, gebrauchen sie die Gebetsmaschine (rimbo), welche im übrigen von den buddhistischen Sekten Japans verworfen wird. Dagegen stehen Reliquienverehrung und Wallfahrten bei allen Sekten in Blüte.

Die katholischen Heiligenbilder sehen den buddhistischen und auch den hotoke, soweit sie nicht phantastisch-grotesker Art sind, nicht unähnlich. Beide haben in auffallendster Weise den Heiligenschein gemeinsam, und wer die Himmelskönigin Kwannon sieht, die sich neben dem Buddha noch am meisten die indischen Züge bewahrt hat, kann sich des Gedankens an das Bild der Himmelskönigin Maria nicht entschlagen. Feierliche und prunkvolle Prozessionen sind dem Buddhismus nicht unbekannt, und von den Ritualgebeten der Priester versteht der buddhistische Laie genau so viel wie der katholische, nämlich nichts, weil für beide Religionen die Kirchensprache eine andere ist als die Landessprache.

Zu suchen braucht man nicht nach Ähnlichkeiten, sie drängen sich einem auf. Wer mit eigenen Augen hineingeschaut hat, glaubt nicht mehr, daß die Ähnlichkeit eine nur zufällige ist. Gegenüber diesen exakten Tatsachen ist nur mit einer exakten, d. h. geschichtlichen Erklärung gedient. Und zwar glaube ich, —

ohne daß ich es freilich im einzelnen Falle beweisen könnte, — daß Buddhismus und Christentum aus den gleichen, von altersher bestehenden Quellen geschöpft haben. Wie sich manche aberglänbische Auswüchse im Judentum und Christentum auf persischen Einfluß zurückführen lassen, so mögen bei der Ausgestaltung von Himmel und Hölle im Buddhismus die gleichen Einflüsse nach Osten hin wirksam gewesen sein. Und wenn die esoterische Stellung der Priesterschaft mitsamt den Idealen des Mönchtums wohl kaum eine Neuschöpfung der christlichen Zeit (seit dem 4. Jahrhundert) ist, sondern schon in dem ägyptischen Heidentum vorgebildet war, so kann ebendasselbe schon um sechshundert Jahre früher auf der durch Alexander den Großen geschlagenen Brücke den Weg nach Indien gefunden haben. Um also eine historische These in eine mathematische Formel zu kleiden, so meine ich, daß die entsprechenden Größen im Christentum und im Buddhismus darum und insoweit unter sich gleich sind, wie sie dritte Größen zur gemeinsamen Grundlage haben.

Wie die katholischen Kirchen so zeigen auch die buddhistischen Tempel das Bestreben, den Sinnen Anregung zu bieten. Da ist nichts von der puritanischen Einfachheit der miya (S. 84 ff.), und wo die Mittel zu gediegener Prachtentfaltung fehlen — und das ist so ziemlich bei allen Dorftempeln der Fall —, sucht man sich durch Schein und Flitterwerk, durch bunte Farben und Fähnchen zu helfen. Die großen Tempel dagegen, allen voran die von Nikko, strotzen oft von Gold und edlem Metall, und wer die besten Stücke japanischer Kunst kennen lernen will, muß zu ihnen gehen. Teils offen vor aller Augen, teils in Schreinen findet sich hier nicht selten ein großer Reichtum an kunstvoller Bronze und Porzellan, sowie die herrlichsten Seiden- und Goldstickereien und die feinsten Gemälde. Leider hat es in den letzten Jahrzehnten gewissenlose Priester genug gegeben, welche solche Perlen der Kunst an Europäer und Amerikaner verkauften; die bittere Not, welche seit der Säkularisierung bei den Bonzen eingezogen ist, hat freilich die Versuchung dazu allzu nahe gelegt. Trotz alledem sind an dem tera die Formen des miya noch klar erkennbar, nur daß diese Formen ornamentalisch ausgestattet

7. Shintoismus und Buddhismus.

sind. Selbst das torii hat der Buddhismus übernommen, aber er hat aus den einfachen Balken ein stilvolles Eingangstor gemacht. Zwischen diesem und dem Hauptgebäude befinden sich bei jedem ansehnlicheren Tempel den Verbindungsweg entlang steinerne oder bronzene Laternen, die jedoch nur zum Zierat, nicht zum praktischen Gebrauch dienen. Außerdem stehen neben den bedeutendsten tera des Landes fünf- bis siebenstöckige Pagoden bis zu zweihundert Fuß hoch), die auch nichts weiter als Zierstücke sind, und die zur Seite des Tempels nur wenige Fuß über der Erde aufgehängte Glocke, welche mittels eines schwebenden Holzbalkens angeschlagen wird, zeichnet sich in der Regel durch einen wunderbar reinen und sympathischen Ton aus.

Nicht wenige tera, und gerade die schönsten unter ihnen, werden zu gottesdienstlichen Zwecken so gut wie gar nicht gebraucht. Sie sind Weihgeschenke an die hotoke, feine Stätten der Andacht; und den großen Toshogu in Nikko, der dem als Gongen-sama vergöttlichten Jyeyasu geweiht ist, möchte ich eher eine Gedächtnishalle, denn einen Götzentempel nennen. Dagegen erfreuen sich andere tera im höchsten Grade des religiösen Zuspruchs des andächtigen Volkes. Einen Sonntag oder auch sonst einen bestimmten Tag oder bestimmte Stunden zu gemeinsamer Andacht kennt der Buddhismus nicht. Der Gläubige geht zum Tempel, je nachdem er etwas auf dem Herzen hat, zu jeder Tageszeit, ja selbst bei Nacht. Bei den kleinen Tempeln, etwa auf dem Dorf, ist der Besuch spärlich. In den populären Tempeln in den großen Städten dagegen geht es beständig aus und ein wie in einem Wirtshaus bei einer Kirchweihe. Und in der Tat wird man an eine Kirchweihe oder einen Jahrmarkt schon beim Näherkommen an den tera erinnert. Da sind vor dem Tempel entlang dem Zugangsweg eine Reihe von Kaufbuden, wo man neben Rosenkränzen, Räuchervasen, Kerzen (die man vor den Götzen als Opfer anzündet) und kultischen Gegenständen aller Art auch Kinderspielzeug und anderes mehr haben kann. Da sind Gaukler und Akrobaten, die die festliche Menge mit ihren Künsten erfreuen, und man hat Mühe, sich durch das Getümmel hindurchzuarbeiten. Am Tempel angekommen, sieht man sie eintreten, zumeist ältere Frauen. In den Vorraum (honden) vor dem Gitter, das sie von dem Heiligen (haiden) trennt, in welchem die hotoke aufgestellt sind und die Priester im Chor ihre Gebete verrichten, an denen das Volk aber weder aktiven noch passiven Anteil nimmt, stellen oder knieen sie sich hin, in Ehrfurcht legen sie die Handflächen flach aufeinander, verneigen sich tief mit der Stirn bis zum Boden und murmeln ein paarmal ihre Gebetsformel vor sich hin. Nachdem sie noch eine kleine Weile andächtig den hotoke betrachtet haben, stehen sie auf, werfen eine kleine Kupfermünze in den Opferkasten, soweit sie das nicht schon zu Anfang getan haben, und gehen davon.

Die Bonzen sind nicht ganz so unbeschäftigt wie ihre Shintokollegen. Ihre Hauptarbeit ist freilich auf den Tempeldienst beschränkt. Seelsorge treiben auch sie nicht. Auch hier gibt's keine zusammengehörigen Gemeinden und kein Gemeindeleben. Bei der Geburt und Eheschließung haben sie nichts zu tun; dagegen braucht man sie beim Tode. Die Beerdigung weitaus der meisten Toten, die übrigens bei ebenso guten als billigen Verhältnissen zum Teil verbrannt werden, geschieht nach buddhistischem Ritus. Im ganzen sind die Priester als unwissend zu bezeichnen. Die meisten besitzen nur eine papageimäßige Abrichtung. Auch ihre Sittlichkeit erfreut sich keines besonderen Rufes. So ist denn der Bonze vielfach zum Gespött geworden und „bōzu" ist nicht selten ein Schimpfwort.

Man sollte meinen, eine solche Religion mit einer solchen Priesterschaft müsse rasch ihrer Auflösung entgegengehen. Dem ist aber nicht so. Es sind doch feste Ketten, mit denen die Zauberei des praktischen Buddhismus das Volk gefangen hält. In Kyoto sah ich zwei neue Tempel, die sog. Hongwanjitempel. Die alten waren abgebrannt und waren nun neu wieder aufgebaut worden. Ihre Herstellungskosten beliefen sich auf ein paar Millionen Mark. Das Geld war in überraschend kurzer Zeit zusammengekommen. Von weither waren die armen Leute aus dem niedern Volk gekommen, um persönlich ihre Beiträge zu bringen. Ich sah dort am Eingang der Tempelhalle Seile liegen, welche dazu dienten, die Balken zum Bau des heiligen Hauses herbeizuschleppen. Die Seile bildeten große Haufen. Diese sämtlichen Seile waren aus Frauenhaaren. Wie viele tausend Frauen mögen da wohl ihr Haar geopfert haben! Die japanischen Frauen betrachten ihr Haar als ihren Hauptschmuck, aber willig haben sie sich dieses Schmuckes beraubt, um ihrer Religion willen taten sie es gern. Wo noch soviel Opferfreudigkeit zu finden ist, da darf man nicht daran denken, daß der Buddhismus von heute auf morgen überwunden sei, so verächtlich er auch scheinen mag. Religionen, die Jahrtausende gelebt, brauchen Jahrhunderte zum Sterben. In ferner Zeit, wo der Buddhismus aus den Zentren der Kultur längst sich hat flüchten müssen, werden draußen bei den „pagani" (Landbewohner) in Japans dunkeln Bergen noch tera stehen und dort wird das „Namu Amida Butsu" noch nicht verklungen sein.

Gerade in neuerer Zeit macht der B u d d h i s m u s besondere Anstrengungen. Der Konkurrenzkampf mit dem Christentum hat ihn zu praktischer Arbeit aufgestachelt. Er verbreitet Broschüren und Flugblätter, gibt eine große Anzahl zum Teil geschickt redigierter Wochen- und Monatschriften heraus, sucht sich mit Krankenpflege zu beschäftigen, treibt hie und da Seelsorge in Gefängnissen und baut Waisenhäuser und Rettungsanstalten. Die Predigt wird viel mehr gepflegt wie früher, ebenso wendet man der Jugenderziehung, den Jünglingsvereinen usw. Beachtung zu. Es sind eine Reihe von Priesterseminaren gegründet worden, auf welchen sowohl die ursprüngliche Buddhalehre als auch die Philosophie des Abendlandes Berücksichtigung finden. Einige buddhistische Gelehrte haben in Deutschland studiert, und immerfort hören junge japanische Buddhisten an deutschen Universitäten Sanskrit und vergleichende Religionswissenschaft. Auch das Christentum selbst studiert man, um es mit seinen eigenen Waffen angreifen zu können.

Kurz nach der Restauration, in den siebziger Jahren, als der Shintoismus zu Ehren kam, ist über den Buddhismus eine schwere Krisis hereingebrochen, da ihm alle Staatsunterstützung entzogen wurde. Damals ging mit einem Schlag die Zahl der Priester und der Tempel bedeutend zurück. Heute aber ist die

Krisis überwunden. Heute gibt es rund 75000 Tempel mit mehr als 100000 Priestern und Mönchen im Lande. Der Buddhismus fühlt sich sogar so lebenskräftig, daß er Missionen nach Formosa und Korea unternommen hat, und er meint jetzt von der Zeit träumen zu dürfen, wo er seine Sendboten bis nach Amerika und Deutschland schickt. Japan ist zurzeit die Vormacht des Buddhismus. Es ist nicht so, als schauten alle Buddhisten auf den Dalai Lama in Lhassa als ihren Führer. Von dem weiß in Japan kein Mensch etwas, und mit den andern buddhistischen Ländern wird es wohl nicht anders sein. Vielmehr sind die Augen derselben auf den japanischen Buddhismus als Führer gerichtet.

Die Religion des indischen Weisen hat nach dem Plane der Vorsehung in Japan eine Mission gehabt, und es wäre ungerecht, ihre Verdienste nicht anzuerkennen. Der Buddhismus ist der Hauptträger der chinesischen Kultur gewesen, er hat die Japaner mit Kunst und Wissenschaft bekannt gemacht und hat die vordem barbarischen Sitten gemildert. Er war durch tausend Jahre der Lehrer des Volkes, und er ist dieser seiner Aufgabe in hohem Grade gerecht geworden. Es muß ihm zum Ruhm nachgesagt werden, daß er gerade auch den niederen Klassen die Bildung zugänglich gemacht hat. Er hat den nüchternen Konfuzianismus und den dürftigen Shintoismus religiös ergänzt und das Bedürfnis der Volksseele nach höheren Gütern, im besonderen die Sehnsucht nach Erlösung wachgehalten. Er hat die alte Zeit erfüllt — aber in die neue paßt er nicht mehr hinein; er verträgt sich nicht mit ihrem Geist, und diesem Geiste sich anzupassen, dazu ist er zu alt. Er ist das Gestirn, das die Nacht erhellte. Jetzt aber ist es Tag geworden, da verschwindet der Morgenstern. Gerne erkennen wir Buddha als Vorläufer Christi an, aber neben ihm wird er auf die Dauer sich nicht halten können.

8. Das Christentum und seine Erfolge.

Als nach Öffnung der Vertragshäfen im Jahre 1859 die ersten amerikanischen Missionare das japanische Gestade betraten, waren die alten Gesetze gegen das Christentum noch in Kraft, und schärfer denn je wurden sie jetzt dem Volke wieder eingeprägt. Wenn die Missionare über die Straße gingen, konnten sie an den Ecken mit eigenen Augen den Erlaß angeschlagen sehen, wonach die böse Sekte der Christen bei Todesstrafe verboten war. Man fürchtete für sein Leben, mied die Missionare und lehnte religiöse Gespräche ängstlich ab.

Unter solchen Umständen war an eine öffentliche Wirksamkeit nicht zu denken. Es blieb den Sendboten nichts übrig, als in Geduld abzuwarten. Aber gerade die Ruhe, zu welcher sie wider Willen gezwungen waren, erwies sich als weise Fügung im Plane der Vorsehung. Denn so verblieb ihnen Zeit und Muße zu der ebenso notwendigen, als schweren Arbeit, sich die Werkzeuge zum Bau des Gottesreiches zu fertigen und die Waffen zu schmieden zum späteren Kampf. Sie erlernten die Sprache, sie machten sich mit Sitte und Eigenart des Volkes bekannt, sie begannen selbst schon einige Teile der Heiligen Schrift in die Landessprache zu übersetzen. Im übrigen mußten sie es als eine besondere Gnade betrachten, wenn sie hie und da für ihre religiösen Lehren Gehör bei ihrem Lehrer des Japanischen oder bei ihren Dienstboten, zuweilen wohl auch bei solchen fanden, die englischen Sprachunterricht bei ihnen nahmen. Tatsächlich wurden in den ersten zehn Jahren nur sechs Taufen vollzogen. Gleichwohl verzagte das Häuflein der Missionare nicht. Auch in dieser schweren Zeit wußte sie Gott durch wunderbare Erweisungen geduldig in Trübsal und fröhlich in Hoffnung zu machen. Hierfür nur ein Beispiel.

Es war im Jahre 1854, als in den Hafen von Nagasaki ein englisches Geschwader einlief. Um eine Landung zu verhindern, wurde ein japanisches Heer aufgeboten, dessen Oberbefehlshaber Wakasa-no-kami, der Karo (erster Berater) des

Daimyo von Hizen war. Eines Tages als Wakasa am Ufer entlang ging, sah er auf dem Wasser ein kleines Buch schwimmen, das er sich aneignete. Es war, wie ihm ein holländischer Dolmetscher erklärte, ein englisches Neues Testament. Als Wakasa erfuhr, daß in Shanghai dasselbe Buch in chinesischer Schrift zu haben sei, ließ er sich ein Exemplar kommen und nahm es mit in seine Heimat. Hier machte er sich im Verein mit seinem Bruder Ayabe und drei Freunden an das Studium des seltsamen Buches, das diese suchenden Seelen bald mächtig anzog. Die Jahre kamen und gingen, aber das Interesse der fünf Männer an dem Buche ging nicht. Da geschah es, daß im Jahre 1862 einer derselben nach Nagasaki kam. Dort traf er den Missionar Verbeck, welcher ihm christlichen Unterricht erteilte. Als Wakasa das erfuhr, benützte er die Gelegenheit, um sich über so manche unverstandene Stellen seines Testamentes Klarheit zu verschaffen. Da ihn sein Amt an Ort und Stelle festhielt, ließ er jede Woche einen Boten die zweitägige Reise zu Verbeck machen und erhielt so mit seinen Gefährten auf brieflichem Weg „par distance" einen regelrechten Bibelunterricht. Endlich im Jahre 1866 machten sich Wakasa und sein Bruder Ayabe auf nach Nagasaki; dort erhielten sie noch einmal mündlichen Unterricht und am Pfingstfest wurden sie durch Verbeck getauft. Sie waren die ersten und für eine Zeitlang die einzigen Christen. Wakasa starb als treuer Christ. Aber sein Christengeist starb nicht in seiner Familie. 1880 ließ sich eine Tochter von ihm mitsamt ihrem Gatten und einer treuen Dienerin taufen. Die beiden ersten sind die Mitglieder einer Gemeinde der Nippon Kristo Kyokwai (Kirche Christi in Japan, presbyt.) in Tokio, die Magd aber ward zu einer rechten Missionarin; ihrem brennenden Glaubenseifer ist die Gründung einer Christengemeinde zu Saga zu verdanken. Eine Enkelin Wakasas ist ebenfalls Christin und im Jahre 1890 trat ein Enkel von ihm in die Doshisha, die christliche Hochschule der Kongregationalisten zu Kyoto, ein.

Aber so sehr sich die Missionare durch eine derartige Erfahrung ermutigt fühlten, so sollte ihr Vertrauen doch auch wieder auf eine harte Probe gestellt werden. Sie mußten es

8. Das Christentum und seine Erfolge.

lernen, daß es den Behörden mit der Anwendung der Gesetze gegen das Christentum blutiger Ernst war.

Die katholische Kirche sollte das zuerst erfahren. Im Jahre 1867 wurde in dem Dorfe Urakami, nicht fern von Nagasaki, eine Christengemeinde von mehr als dreitausend Seelen entdeckt, die sich trotz aller Verfolgungen aus der Jesuitenmission des sechzehnten Jahrhunderts in tiefster Heimlichkeit erhalten hatte. Zwar war von Christi Geist kaum noch etwas übrig geblieben, der Name der Jungfrau Maria war ihnen noch geläufig, und das Kreuzeszeichen, welchem sie magische Wirkungen zuschrieben, beteten sie an. Die Mitglieder der Gemeinde wurden gefangen genommen und büßten ihr Verbrechen in den Bergwerken in schwerer Zwangsarbeit, wo die meisten elend verdarben und starben. Bald darauf wendete sich das Strafgericht auch gegen die japanischen Lehrer protestantischer Missionare. Einer derselben schmachtete zweiundeinhalb Jahre im Zuchthaus. Ein anderer war nicht einmal Christ, aber man hatte in seiner Wohnung eine Übersetzung aus dem Neuen Testament gefunden, und das genügte, ihn mit seiner Frau in das Gefängnis zu bringen. Aber gerade das hatte zur Folge, daß er nun zum Christentum sich bekannte. Er starb im Elend des Kerkers, aber er ist freudig gestorben. Seine Frau, die später gleichfalls zum Christentum übertrat, mußte noch weiter im Gefängnis verbleiben.

Endlich im Jahre 1873, dem Beginn einer neuen Missionsepoche, schlug für die christlichen Märtyrer die Stunde der Befreiung. Schon geraume Weile zuvor machten sich die ersten Anzeichen einer beginnenden Toleranz bemerkbar. Wie überall, so erwarben sich auch hier die Christen durch ihr Märtyrertum viele Sympathien. Viele Gebildete nahmen sich großmütig und ritterlich der Sache der Bedrückten an und sahen in ihrer Maßregelung eine grausame und unwürdige Barbarei. Die Stimmen für Duldung wurden immer allgemeiner und drangen zu den Ohren der Behörden. Man ließ allmählich den Verkauf christlicher Bücher und Traktate stillschweigend zu, man benutzte die Missionare als Lehrer und selbst gegenüber der religiösen Wirksamkeit derselben begann man ein Auge zuzudrücken. So konnte es geschehen, daß schon im Jahre 1872, zu einer Zeit, wo die Gesetze gegen das Christentum noch bestanden, die erste Christengemeinde zu Yokohama entstand. Sie zählte ursprünglich nur neun Mitglieder, ihr Stifter ist der Amerikaner Ballagh. Heute ist die Kaigan Kyokwai (Strandkirche), wie man sie nach ihrer Lage am Strand nannte, die stärkste Gemeinde Japans.

Die mehrfach erwähnte Iwakura-Gesandtschaft (S. 27) hatte auch für das japanische Christentum ausgezeichnete Wirkungen. Dieselbe hatte täglich Gelegenheit, das Christentum, welches in Japan so unscheinbar auftrat, in den Ländern seiner Heimat als eine große Macht kennen zu lernen, und in ihren Berichten nach Hause machten sie daraus kein Hehl. Nicht lange nachdem die Gesandten Berlin verlassen hatten, fragte man japanischerseits bei Professor Gneist daselbst an, was er von einer etwaigen Annahme des Christentums durch Japan halte (wobei man sich allerdings lediglich von politischen Nützlichkeitsgründen leiten ließ). Gneist gab darauf die einzig richtige Antwort, daß sich dasselbe nicht wie eine Staatsverfassung einfach in ein anderes Land hinüberpflanzen lasse, und auf diese Antwort hin legte man den abenteuerlichen Gedanken einstweilen beiseite. Dagegen entfernte man die Strafgesetze gegen das Christentum von den Anschlagsäulen, und drei Jahre später (1876) hob man die Gesetze gegen das Christentum förmlich auf und führte den Sonntag als Ruhetag für die Beamtenschaft, die Schulen und das Militär ein.

Von besonderer Bedeutung für die weitere Entwicklung des Christentums wurde die in jener Zeit begonnene Arbeit J. H. Nishimas, den man etwas übereilt „den Apostel Japans" genannt hat. Nishima war geboren zu Anaka in der Provinz Kozuke am 14. Januar 1843. Schon frühe erlernte er die holländische Sprache, und später eignete er sich im Verkehr mit Fremden auch die englische an. Als Dolmetscher in fortwährender Berührung mit den Abendländern gewann er bald eine große Vorliebe für die westliche Kultur, und es ergriff ihn die Sehnsucht, dieselbe in ihrer Heimat kennen zu lernen. Noch aber war auf das Verlassen des Landes die Todesstrafe gesetzt. Da be-

8. Das Christentum und seine Erfolge.

nutzte der Jüngling die Gelegenheit, von Hakodate aus, wo er unter anderm auch dem russischen Bischof Nikolai japanischen Unterricht erteilt hatte, an Bord eines nach Shanghai gehenden fremden Schiffes sein Vaterland heimlich zu verlassen. Nach mancherlei Irrfahrten kam er nach Boston, wo ihn der Reeder Alpheus Hardie, ein treues Mitglied der Kongregationalisten und ein eifriger Freund der Mission, in sein Haus aufnahm. Bald wandte er sich dem Christentum zu, das ihm schon vorher nicht ganz fremd gewesen war. Hardie verschaffte ihm eine gediegene Bildung, und da Nishima wünschte, einmal als Missionar nach seinem Vaterland zurückzukehren, so ließ er ihn Theologie studieren. Da kam im Jahre 1871 Iwakuras Gesandtschaft nach Amerika, und Nishima wurde aufgefordert, dieselbe als Dolmetscher zu begleiten. Nachdem er für seine heimliche Flucht aus seinem Vaterland ausdrücklich begnadigt worden war, übernahm er das angetragene Amt. Nun knüpfte er enge Beziehungen zu den Gliedern der Gesandtschaft, wie Ito, Inouye und Okubo, die ihm später sehr zustatten kamen. Nach der Rückkehr der Gesandtschaft stellte er sich dem kongregationalistischen American Board zur Entsendung nach Japan. Ende 1874 kam er daselbst an; und nachdem er seine bejahrten Eltern in Anaka besucht hatte, machte er sich sofort an die Aufgabe, die er sich gestellt: die Gründung einer theologischen Hochschule. Beweggrund war der Gedanke, daß **Japan durch die Japaner** evangelisiert werden müsse, und daß japanische Geistliche darum das erste Erfordernis seien. Unterstützt durch reichliche Spenden aus Amerika und Japan, wo selbst auch seine heidnischen Freunde, hohe Staatsbeamte und Minister, große Beiträge leisteten, gelang ihm sein Werk in überraschend kurzer Zeit: am 29. Oktober 1875 schon konnte die Doshisha („Vereinigung zu gleichem Zweck") in Kyoto eröffnet werden. Bald blühte sie mächtig auf, in den folgenden 15 Jahren trat eine Abteilung zu der andern hinzu, und heute fehlt nur noch eine medizinische Abteilung, um die Doshisha zu einer vollständigen Hochschule etwa im Sinne einer amerikanischen (nicht aber einer deutschen oder auch der japanischen Universität) zu erheben.

Während die Gründung der Doshisha noch im Gange war,

8. Das Christentum und seine Erfolge.

hatte die Vorsehung auch schon für ein glänzendes Schülermaterial für dieselbe gesorgt. Im Jahre 1871 gründete der Daimyo von Hiogo eine Schule für europäisches Wissen in Kumamoto und berief als Lehrer an dieselbe Kapitän Janes, welcher zuvor Hauptmann in der Armee der Vereinigten Staaten gewesen war. Janes und seine Frau waren überaus fromme und eifrige Christen. Gleichwohl unterrichtete er seine Schüler drei Jahre lang, ohne vom Christentum ein Wort zu sprechen. Nachdem aber die Schüler Vertrauen zu ihm gewonnen hatten, lud er sie eines Tages ein, zum Bibelunterricht in sein Haus zu kommen. Der Neugierde halber gingen sie hin, konnten aber dem Lesen der Heiligen Schrift durchaus keinen Geschmack abgewinnen. Gleichwohl taten sie ihrem verehrten Lehrer den Gefallen, allsonntäglich wiederzukommen, und als ein Jahr vergangen war, kamen viele nicht mehr nur aus Höflichkeit, sondern aus wirklichem Interesse. Nun begann Janes auch noch zu predigen, und bald wurden die Schüler so bewegt, daß vierzig von ihnen sich zum Christentum bekannten. Im Anfang 1876 loderte die Glaubensglut in hellen Flammen auf. Die christlichen Schüler zogen auf einen Hügel in der Nähe der Stadt und schlossen unter Schwüren der Treue einen Bund. Aber die Nachricht davon verbreitete sich rasch, und nun begann eine regelrechte Verfolgung. Die meisten Väter holten ihre Söhne heim, durch Drohungen und Bitten suchte man sie zum Abfall zu bewegen. Manche waren drei und vier Monate eingesperrt und erlitten eine grausame Behandlung. Eine Mutter war nur schwer davon abzubringen, Harakiri zu begehen, um das Verbrechen ihres Sohnes zu sühnen. Aber nur wenige verleugneten ihren Glauben, die andern blieben treu, ob sie gleich, von Vater und Mutter verflucht, aus ihrem Elternhaus verstoßen wurden. Im Herbste 1876 mußte Kapitän Janes, dessen Leben mehr als einmal in Gefahr war, Kumamoto verlassen; seine treuen Schüler aber bezogen die kurz zuvor gegründete Doshisha.

Kein Wunder, daß mit solchen Schülern und mit einem Nishima an der Spitze der Ruf der Doshisha bald über das ganze Land hin verbreitet war. Die anderen Missionsgesell=

schaften folgten mit ähnlichen Gründungen nach), und bald war ein ausgedehntes Missionsschulwesen vorhanden. Überhaupt wurde jetzt mit großer Energie gearbeitet. Mit der Vorliebe für europäisches Wesen hatte sich auch die Stimmung für das Christentum von Jahr zu Jahr gehoben und Ende der achtziger Jahre erreichte dieselbe eine Höhe, daß man von einer Christianisierung des ganzen Volkes in fünfundzwanzig Jahren zu fabeln begann. Die Gewalttätigkeiten gegen die Christen verloren sich mehr und mehr und selbst Beamte durften ungehindert zum Christentum übertreten. Als 1888 Nishima einen Aufruf zu Geldbeiträgen erließ, um mittels derselben die Doshisha zu dem Rang einer, wie er ausdrücklich bemerkte, christlichen Universität zu erheben, erhielt er aus heidnischen und religionslosen Regierungs- und Finanzkreisen große Summen. Tatsächlich sind die damals gesammelten 70 000 Yen (1 Yen = 2,50 Mark) nur zu einem sehr kleinen Teil von den fast durchweg unbemittelten Christen aufgebracht worden. Auch zu andern christlichen Schulen und Werken christlicher Liebestätigkeit wurden von hohen Beamten und Kaufleuten nicht selten große Beiträge geleistet. In der guten Gesellschaft wurde es Mode, seine Töchter in die Missionsschulen zu schicken, und der Professor Toyama, der selbst vom Christentum nichts wissen wollte, empfahl in Aufsehen erregenden Artikeln die Mädchenerziehung auf christlicher Grundlage. Die einflußreichsten Männer des Landes, so der bekannte Pädagog und Politiker Fukuzawa und der Führer der großen liberalen Partei, Graf Itagaki, traten offen für Annahme des Christentums ein. Sie selbst standen ihm freilich fern; sie hofften, ein christliches Japan werde durch neue Verträge Gleichberechtigung mit den westlichen Nationen erlangen. Politische Beweggründe, welche sich auf die Dauer und für die Zukunft notwendig als verderblich für das Christentum herausstellen mußten, erwiesen sich einstweilen noch als mächtige Motoren einer christenfreundlichen Stimmung.

Es waren jetzt nicht mehr nur die Missionare, welche in der Arbeit standen. Vielmehr war ihnen eine große Reihe überaus fähiger japanischer Prediger an die Seite getreten. Gediegene christliche Zeitungen und Zeitschriften wurden in großer Zahl gegründet und bildeten bei dem lesefreudigen Publikum eine sehr wirksame Propaganda. Auch die innere Mission fand in japanischen Christen bedeutende Vertreter. Ein junger Mann namens Jshii, welchen eine Predigt von Nishima besonders erregt hatte, faßte im Jahre 1887 den Entschluß, sich verwahrloster, zumal verwaister Kinder anzunehmen. Er begann mit noch weniger als August Hermann Francke, nämlich mit nichts, aber gleich jenem hatte er ein christliches Herz voll Glaube und Liebe. Sein erstes Kind war ein Bettelknabe, welchen seine Mutter nicht ernähren konnte. Ein zweiter Pestalozzi war er den Kindern alles in allem, Vater und Mutter, Kindsmagd und Lehrer. Als das große Erdbeben vom Oktober 1891 Kinder massenhaft zu Waisen machte, nahm er auf einmal 41 derselben in sein Haus auf. Gottes Segen ruhte sichtbar auf seiner selbstlosen Arbeit und am Anfang 1893, also nur fünf Jahre nach der Gründung, betrug die Zahl der Waisenkinder 233, während seine Anstalt schon wieder den Anstoß zu drei weiteren Waisenhäusern gegeben hat.

Die ganze Bekehrungsarbeit war eine andere geworden als früher. Zu Dutzenden waren die Taufbewerber in Bibelklassen versammelt. Die Gotteshäuser waren gefüllt, und anstatt zur Taufe zu treiben, mußte man eher zügeln. Das Christentum war eine öffentliche Macht geworden. Massenmeetings (enzetsukai) teils auf öffentlichen Plätzen teils in Theatern und großen Sälen, bei denen oft Tausende von Menschen zusammenkamen, um stundenlang den Reden von Missionaren und eingeborenen Predigern zu lauschen, fanden allerorts statt und machten großen Eindruck. Die christlichen Arbeiter selbst waren von einer Tatenlust sondergleichen beseelt. Von der Osakakonferenz (1883) war ein Geist der Erweckung ausgegangen, welcher in Gebetsversammlungen und „Revivals" fortwährend systematisch genährt, mitunter auch in erzwungener Weise gesteigert wurde; eine tiefe Erregung, die unter der Einwirkung der Missionare in den Erweckungsversammlungen in charakteristisch japanischer, vulkanartiger Weise zum Ausbruch kam und nur teilweise eine Ausgießung des Geistes

8. Das Christentum und seine Erfolge.

genannt zu werden verdient; ein Taumel der Begeisterung, welchem die Abkühlung und Ernüchterung später notwendig folgen mußte, hatte sich der ganzen japanischen Christenheit, nicht nur der Methodisten, sondern auch der sonst nüchternen Kongregationalisten und Presbyterianer, bemächtigt.

Und der Rückschlag kam. Wie er infolge des Scheiterns der Vertragsverhandlungen (1887) und der Steigerung des japanischen Nationalgefühls durch die Proklamierung der Verfassung (11. Februar 1889) in der Politik gekommen war, so geschah es jetzt auch für das Christentum. Es ist wie eine Ironie, daß gerade in dem Augenblick, da dem Christentum durch die Verfassung die langersehnte Religionsfreiheit verbürgt wurde, die böse Zeit für dasselbe begann. Mit einem Mal glaubte man entdeckt zu haben, daß durch den christlichen Geist die Besonderheit und Eigentümlichkeit des japanischen Charakters und damit die Grundlage der nationalen Selbständigkeit untergraben werde. Der Patriotismus, und damit die größte japanische Macht, wandte sich gegen das Christentum, so wie er zuvor für dasselbe gewesen war. Christlichen Lehrern wurde mehrfach ihre Stellung schwierig gemacht und christlichen Schülern der Verbleib verleidet, wenn sie nicht gar ausgeschlossen wurden. Tätliche Beleidigungen von Missionaren und Störungen christlicher Versammlungen, sowie Beschädigungen von Kirchen, Dinge, welche ganz verschwunden waren, machten wieder unliebsam von sich reden. Schlimmer aber als diese Feindseligkeiten war die Gleichgültigkeit, die allmählich bei der Masse des Volkes gegenüber dem Christentum Platz griff. Dazu hatte man durch den Krieg die Überzeugung gewonnen, daß man eine große Nation auch ohne das Christentum werden könne, ja daß selbst Einrichtungen der Humanität, wie das Rote Kreuz, von dem Christentum völlig unabhängig seien.

Immer seltener wurde es, daß Nichtchristen die Gottesdienste besuchten. Aber auch für die Christen selbst stand das politische Interesse zu sehr im Mittelpunkt, als daß sie nach wie vor im Christentum aufgegangen wären. Es war zuviel der Zerstreuung, wo Vertiefung sehr not getan hätte. Das religiöse Leben erschlaffte. Tausende, die nur aus politischen Gründen sich hatten

8. Das Christentum und seine Erfolge.

taufen lassen, kehrten der Kirche den Rücken, als sie sich enttäuscht sahen, Tausende von anderen, welche durch die Erregung der „Revivals" (Erweckungsversammlungen) ohne genügende Durchbildung das Christentum angenommen hatten, erkalteten jetzt. Sie alle wurden nach und nach aus den Listen der Kirchen gestrichen. Schwere Krisen blieben keiner Mission erspart. Während die Zahl der Bekehrten in den achtziger Jahren stets mehrere Tausend, 1888 sogar rund 7000, betragen hatte, trat jetzt ein verhältnismäßiger Stillstand ein. Der japanisch-chinesische Krieg lenkte die Aufmerksamkeit von dem Christentum ab, und als der ostasiatische Dreibund, bestehend aus Rußland, Frankreich und Deutschland, 1895 Japan seine Siegesbeute, die Liaotung-Halbinsel mit Port Arthur, wieder entriß, wurde die Stimmung vollends christenfeindlich.

Doch in Japan ist nichts beständig. Diese Tatsache kam der Mission wieder zugut. Heute haben sich die widrigen Winde gelegt und die hochgehenden Wogen geglättet. Die Japaner fühlen sich von Europa anerkannt, und so sind sie selbst auch wieder freundlicher gesinnt. Von den heftigen und gehässigen Angriffen, von welchen in den neunziger Jahren alle Zeitungen voll waren, verlautet heute nichts mehr. Man läßt dem Christentum Zeit, aufbauende Arbeit zu tun und sich ruhig auszubreiten.

Neben der evangelischen gibt es auch eine römisch-katholische und eine griechisch-russische Mission in Japan. Die erstere hielt 1861 ihren Einzug. Wenige Jahre darauf entdeckte sie die Reste der aus der Jesuitenmission verbliebenen Christen, nach ihren wohl etwas übertriebenen Angaben nicht weniger als 7000. Schon im Jahre 1881 wird von 25 633 katholischen Christen berichtet (gegen damals 4412 evangelische). Im Jahre 1886 waren es 32 294, doch hat sich die Zunahme seitdem im Vergleich zu dem Wachstum der Evangelischen verlangsamt. Zu Beginn des Jahres 1902 zählte die römische Kirche 55 824 Glieder. In den fünf Jahren von 1897 bis 1902 betrug der Zuwachs nur 3028 Glieder. Unter den erwachsenen Mitgliedern bröckelt es stark; die römische Lehre verträgt sich nicht mit dem mündig gewordenen japanischen Geist. Dazu ist die äußere Ähnlichkeit mit

8. Das Christentum und seine Erfolge.

dem Buddhismus ein Hemmschuh. Zumal die Gebildeten, die den vulgären Buddhismus verachten, nehmen an ihr Anstoß. Wie überall, so beruht die Stärke der römisch-katholischen Mission auch hier in der Organisation. Das Land ist in vier Bistümer eingeteilt, ein Erzbischof hat in Tokio seinen Sitz. Die Menge der Gläubigen befindet sich auf Kyushiu. Die Arbeit liegt in den Händen der Pariser Missionsgesellschaft. Fast alle Missionare sind Franzosen oder vielmehr, damit ich es besser sage, Elsaß-Lothringer. In ihrer Knabenschule auf dem Kudanhügel in Tokio, deren Vorsteher den guten deutschen Namen Heinrich trug, waren zur Zeit meiner Anwesenheit 17 Laienbrüder (bei 120 Schülern!) tätig, alle Elsaß-Lothringer; sie verstanden durchweg deutsch, gaben sich aber als Franzosen aus. Persönlich sind sie sehr angenehme Leute. Wer gesellig mit den weltgewandten Männern zu verkehren Gelegenheit hatte, kann es begreifen, daß unsere Reisenden von diesen wirklich gewinnenden Persönlichkeiten entzückt sind.

Einen ungemein tüchtigen Vertreter hat die russisch-orthodoxe Mission, welche in Japan ihr einziges Arbeitsfeld besitzt, in ihrem Bischof Nikolai. Derselbe kam im Jahre 1862 nach Hakodate, wo er 1864 vorübergehend mit Nishima Beziehungen hatte. Später ließ er sich in Tokio nieder, wo er auf dem Surugadaihügel eine stolze Kathedrale errichtete. Er hat von jeher unter Verzicht auf russische Hilfe fast nur mit Japanern gearbeitet und dabei zahlenmäßig sehr große Erfolge errungen. Die russische Kirche, die freilich in den letzten Jahren sehr wenig gewachsen ist, zählte zu Beginn 1902 26 680 Mitglieder. Die politische Rivalität, welche seit 1895 zwischen Japan und Rußland aufgetaucht ist und die im Verlauf der Zeit sich immer mehr zu feindseliger Spannung ausgewachsen hat, bleibt für die Folge ein schweres Hindernis des russischen Missionswerks, ja es besteht die Gefahr, daß bei dem großen Einfluß, welchen die Politik auf die Religion ausübt, das ganze aufopfernde Lebenswerk des persönlich sehr sympathischen Bischofs Nikolai durch den Krieg mit Rußland völlig zusammenbricht.

Im ganzen stellt sich die Missionsstatistik nach den Mitteilungen des deutschen Missionars Pfarrer Schiller in Kyoto

8. Das Christentum und seine Erfolge.

zu Beginn 1902 folgendermaßen: Die Gesamtzahl der japanischen Christen betrug 129 134 Seelen, und zwar 46 634 Protestanten, 26 680 griechische und 55 824 römische Katholiken. Dazu kommen auf protestantischer Seite noch eine Reihe unmündiger Kinder, die bei vielen Missionen nicht mitgezählt werden, so daß manche die Gesamtzahl der japanischen Christen auf etwa 200 000 angeben zu können glauben. Das ist natürlich eine kleine Zahl unter einem Volke von 45 Millionen Einwohnern, denn es kommen auf je 1000 Seelen nur 4—5 Christen. Aber es ist ein großes Resultat, wenn man bedenkt, daß erst vor dreißig Jahren, am 19. Februar 1873, die Strafgesetze gegen die Christen aufgehoben und die Dekrete gegen die „böse Sekte" von den öffentlichen Anschlagbrettern entfernt worden sind, und daß erst am 11. Februar 1889 Religionsfreiheit in Japan eingeführt worden ist. Auch ist das Wachstum der christlichen Gemeinden in den letzten Jahren ein befriedigendes gewesen. Bei einer Taufziffer von 4308 Protestanten, 983 griechischen und 4391 römischen Katholiken — in letzterer Zahl sind allerdings manche in periculo mortis Getaufte enthalten — hat sich im Jahre 1901 die Christenheit um 6091 Seelen vermehrt. Es gab zu Anfang 1902 bereits 456 organisierte evangelische Gemeinden, wovon wenigstens 80 finanziell selbständig und von der Mission unabhängig sind. Ja, diese Gemeinden treiben in Korea und Formosa selbst schon Mission. Die Zahl der römisch-katholischen Gemeinden beläuft sich auf 210, die der russisch-orthodoxen auf 174. Abgesehen von der großen Zahl von Evangelisten, Katechisten und Lehrern gibt es 380 ordinierte protestantische einheimische Geistliche, und daneben 27 griechische und 34 römische. Die organisierten Gemeinden sind fast alle in den Städten zu finden; Tokio allein hat gegen 15 000 Christen.

Welche große Bedeutung das kleine Häuflein von Christen, das doch nur höchstens ein halbes Prozent der Gesamtbevölkerung ausmacht, bereits erreicht hat, darüber spricht sich der erfahrene amerikanische Kongregationalistenmissionar D. Greene zu Tokio, der seit 1869 in Japan arbeitet und den ganzen Umschwung der Verhältnisse und das Emporkommen des Christentums miterlebt hat, in einem Vortrag auf der allgemeinen protestantischen Mis=

8. Das Christentum und seine Erfolge.

sionskonferenz zu Tokio vom 24.—31. Oktober 1900 folgendermaßen aus:

„Die verhältnismäßig kleine Schar von Christen hat schon aus ihrer Mitte gestellt: einen Kabinettsminister (Graf Aoki, Mitglied unsrer deutsch=evangelischen Gemeinde), zwei Richter am Reichsgericht (einer davon Präsident), zwei Präsidenten im Unterhause des Parlaments, von denen einer zweimal (jetzt viermal) gewählt wurde, zwei oder drei Vize=Staatsminister, nicht zu gedenken der verschiedenen Abteilungsvorstände, Richter an Appellationsgerichten u. s. w. Im ersten Reichstag waren außer dem Präsidenten der Kommissions=Vorsitzende und elf andere Mitglieder unter den dreihundert Mitgliedern des Hauses Christen, also fast neunmal mehr, als der normale Prozentsatz beträgt. In den späteren Reichstagen ist das Verhältnis niemals weniger als das Vierfache des Normalen gewesen. Im gegenwärtigen Reichstage sind außer dem Präsidenten dreizehn Mitglieder Christen und unter ihnen einige der einflußreichsten Männer des Hauses. Einer von ihnen wurde in einem stark buddhistischen Bezirk mit einer fünffachen Majorität gewählt. In dem Exekutiv=Komitee der großen Liberalen Partei waren im vergangenen Jahre zwei von den drei Mitgliedern Christen, während in demselben Komitee das Verhältnis von 1:3 statthat. Im Heere sollen von den Offizieren 155, also etwa drei Prozent, christlich sein. In der Marine ist erwähnenswert, daß die beiden Schlachtschiffe von 12 500 Tonnen unter dem Kommando christlicher Kapitäne stehen. Auf den Universitäten und an den höheren Regierungsschulen findet man unter Lehrern und Lernenden die Christen in unverhältnismäßig großer Zahl. Dasselbe gilt von den Studierenden, die auf Kosten der Regierung ins Ausland gesandt sind. Von den Graduierten einer der besten höheren Regierungsschulen sollen augenblicklich sechs im Auslande studieren und fünf davon Christen sein. Nicht weniger als drei der großen Tageszeitungen Tokios stehen unter der Leitung christlicher Männer, während in mehreren anderen Fällen Christen an der Spitze von Abteilungen des Redaktionspersonals stehen. Die erfolgreichsten Wohltätigkeits=anstalten stehen ebenfalls unter der Leitung von Christen und was an Liebestätigkeit ganz in der Hand von Christen liegt, ist sehr bedeutend. Die größte öffentliche Armenanstalt in ganz Japan hat auch dem weisen Rate und der wirksamen Hilfe der wenigen Christen des japanischen Volkes viel zu danken.

„Dieses Hervorleuchten von Christen in so mancherlei Lebensstellungen ist nicht auf Rechnung des Zufalls zu setzen. Sie haben auf das Leben des japanischen Volkes einen tiefen Eindruck gemacht. Sie sind in zahlreichen, einflußreichen Stellungen darum, weil sie allen Vorurteilen zum Trotz sich würdig erwiesen und das Vertrauen ihrer Landsleute gewonnen haben. Der Einfluß, den man ihnen zugestanden hat, ist ein Tribut, den man der Religion, die sie zu dem machte, was sie sind, unbewußt entrichtet."

Damit ist das in weiten Kreisen herrschende Vorurteil richtig gestellt, als bestehe das japanische Christentum aus geringwertigem Material. Auf die Katholiken trifft das allerdings teilweise zu; sind doch unter den eben erwähnten hervorragenden Christen fast keine Katholiken. Bei den evangelischen Missionen dagegen ist genau das Gegenteil der Fall. Es ist keine übertriebene Schätzung, wenn ich sage, daß mehr denn ein Drittel aller evangelischen Christen aus dem alten Samuraistande hervorgegangen sind, welcher seinerseits nur etwa fünf Prozent der Gesamtbevölkerung ausmacht.

„Trotzdem das Christentum kaum erst aus den Windeln herausgewachsen ist, liegen doch, wie der Prediger Kozaki vor kurzem ausgeführt hat, klare Beweise vor, daß es bereits Einfluß ausgeübt hat auf mancherlei Lebensgebiete und besonders auf den Geist der führenden Schriftsteller. Der Beweis für die Wahrheit dieser Behauptung läßt sich leicht aus unserer Literatur führen. Es gibt wenige Bücher unter allen in der Meiji=Ära erschienenen, die nicht in irgend einer Weise Zeugnis davon ablegten. Manche Begriffe, welche jetzt beständig im Gebrauche sind, wie z. B. Sambi (Lob und Preis), Yeisei (ewiges Leben) und Kansha (Dank), sind christliche Begriffe. Dem Begriffe Kami (Gott) ist eine neue Bedeutung verliehen worden. Und unsere heutigen ethischen Gedanken sind mehr von dem Christentum als von irgend einer anderen Religion durchtränkt. Wenn ich auf-

8. Das Christentum und seine Erfolge.

gefordert würde, die Quellen der herrschenden ethischen Denkweise in Japan zu nennen, so würde ich sagen, daß Konfuzianismus und Buddhismus zusammen vier Zehntel oder fünf Zehntel der Elemente, aus denen sie besteht, lieferten, das Christentum aber fünf Zehntel oder sechs Zehntel dieser Elemente. Was die öffentliche Wohltätigkeit anbetrifft, können die Christen, obgleich sie nicht immer erfolgreich in dieser Beziehung gewesen sind, doch auf Anstalten wie das Waisenhaus zu Okayama mit großem Stolze hinweisen. Die Gesellschaft im allgemeinen hat vom Christentum gelernt, daß die Monogamie die höchste Form des ehelichen Lebens ist."

Alle Bächlein, die von dem Christentum ausgehen, haben sich zu einem reißenden Strom vereinigt, der die Bänke des Heidentums unterwühlt, die Ufer überflutet und die Strebepfeiler in das Wanken bringt. Bedeutender noch als die positiven Wirkungen im Aufbau einer neuen christlichen Gedankenwelt sind zunächst die negativen in der Zerstörung der alten Geistesmächte. Die alten sozialen Grundlagen der Gesellschaft haben radikale Veränderungen erfahren. Der Individualismus hat sich Bahn gebrochen; da er aber noch keine feste Grundlage hat, so sind es teilweise anarchistische Zustände, die so in der Geisteswelt geschaffen wurden. Aber je verworrener sie sind und je entschiedener man sich vor die Alternative gestellt sieht: Untergang oder Neugeburt, um so rascher sieht man sich gezwungen, nach Hilfe auszuschauen. Es ist bezeichnend für den Stand der Dinge, daß Japans erster Staatsmann Ito, welcher seinerzeit seiner Freude über die atheistischen Tendenzen seiner Landsleute Ausdruck verliehen hat, zu gleicher Zeit mit Bangen in die Zukunft sieht, da er weiß, daß es so nicht weitergehen kann. Und das ist die Sorge der Edelsten des Volkes, mögen sie rechts oder links stehen. Die sittlichen Grundlagen — so lautet das stehende Thema der Diskussion, und es ist wahrhaft erschütternd, diese Volksseele in ihrem Ringen zu beobachten. Es sind die Geburtswehen einer neuen Zeit. Das alte stürzt und neues Leben blüht aus den Ruinen.

Bei uns pflegt man die Erfolge der Mission nach der Seelen=

8. Das Christentum und seine Erfolge.

zahl der Bekehrten zu schätzen und mit hämischem Spott rechnet man dann aus, wieviel eine Heidenseele kostet. Das ist aber eine ganz verkehrte Rechnung. Der in großem Stil gehaltene Missionsbetrieb in Japan, wenn er auch die Einzelbekehrung nicht vernachlässigt, zielt unmittelbar auf die Volksbekehrung ab. Der indirekte Erfolg, der nicht mit Zahlen belegt werden kann, ist weit größer als der direkte. Was in Japan durch die Vorbereitung der Volksbekehrung in der Verbreitung christlicher Ideen gewirkt worden ist, schätze ich viel höher als die hundertundsiebenzehn Tausend Getaufter. Man darf dreist behaupten, daß jetzt schon unter den Heiden viele theistisch denken und christlich handeln, und daß es tatsächlich wenige geben mag, die vom Christentum noch vollständig unberührt wären. Sie wissen es freilich nicht, und wenn sie es wüßten, es würde ihnen angst und bange werden. So kommen sie immer näher und näher den Toren des Reiches Gottes, und zum Schlusse bedarf es nur noch Eines, aber freilich des Wichtigsten, des Geistes aus der Höhe, und das Pfingsten für Japan ist da.

Wann das sein wird, ist noch verborgen. Für uns Deutsche aber wird der Tag, an dem es geschieht, ein Tag freudiger Genugtuung sein. Denn wie die Japaner eine besondere Vorliebe für das deutsche Geistesleben (S. 132 ff.) überhaupt haben, so bricht sich auch die deutsche Auffassung des Christentums immer mehr Bahn. Das Methodistische ist nicht nach japanischem Geschmack; das starr Dogmatische vollends ist für sie unverdaulich. Das einfache praktische Christentum des biblischen Evangeliums bildet schon heute die alleinige Unterlage der japanischen Christenheit. Zweifellos ist allerdings, daß dasselbe bei seiner individuellen Ausgestaltung japanisch-mongolische Züge erhalten wird. Wer in die Eigenart des kulturellen und geistigen Lebens der Japaner hineingeschaut hat, dem kann das nicht verborgen bleiben. Seit lange schon wird das Thema „Japanisches Christentum" eifrig erörtert, und man muß zugeben, daß dasselbe berechtigt ist. Nichts übernehmen die Japaner kritiklos; auch ihr zukünftiges Christentum wird japanisch sein, geradeso wie das unsrige deutsch ist.

8. Das Christentum und seine Erfolge.

In Nikko im heiligen Tempelhain, fernab von des Alltags eitlem Geschwätz, steht ein schlichtes Grabmal. Tiefer Friede ringsum, kein Zeichen von Leben, als ob selbst die Tiere des Waldes es wüßten: Hier ist geweihtes Land! Dumpf und feierlich ertönt von unten herauf von Zeit zu Zeit die Tempelglocke, und durch die sanftbewegten Zweige der ragenden Kryptomerien geht ein geheimnisvolles Flüstern. Es ist der Geist von Altjapan, der an diesem Grabe Trauerwache hält; denn der darunter liegt, ist Jyeyasu, seines Landes größter Sohn. Was Japan die Jahrhunderte hindurch gewesen ist, in diesem Manne war es verkörpert. Dreihundert Jahre sind darüber hingerauscht, seit er auf den Kampfplatz trat wider das Kreuz, das sein Vaterland bedrohte, ein zweiter Julian, aber glücklicher als er. Mit mächtiger Faust und mit der Geistesgewalt, welche das Kennzeichen eines großen Mannes ist, schlug er die Jesuiten und Franziskaner nieder, und als er seine Augen im Tode schloß, sah er die Zeit nahe, da das letzte Kreuz aus Yamatos heiliger Erde gerissen werde, und des letzten Fremden Fuß des Landes freien Boden verlassen müsse.

Und wiederum wie dazumal sind die Kreuzträger herübergekommen über das Meer. Da hat es Jyeyasu nicht länger in seiner Gruft gelitten, mächtig ist er hervorgebrochen, Altjapans starker und trotziger Geist, und wieder hat er durch das ganze letzte Jahrzehnt des verflossenen Jahrhunderts getobt gegen alles, was den Namen Christi trug. Heute aber ist er zur Ruhe gekommen, und ruhig darf er fortan bleiben. Denn heute kommt das Christentum nicht mehr als ein Fremdkörper, sondern vielmehr als die notwendige Grundlage der modernen japanischen Kultur. Und wenn die Japaner von einer Eigenart sind, daß sie diese nicht aufgeben können, ohne sich selbst aufzugeben, nun wohl — Jesus ist für alle Menschen gekommen, er wird auch für diese Eigenart in seinem Reiche Raum schaffen. Ein künftiges Geschlecht wird Japan und das Christentum in innigem Bunde miteinander vereinigt sehen.

9. Schule und Bildung: Deutschland als Lehrmeister.

Nirgends auf der ganzen Erde hat von alters her die Bildung in so hohem Ansehen gestanden, wie in Ostasien. In China gilt seit Jahrtausenden der Adel der Bildung mehr, als der der Geburt.

Es sind wahrhaft romantische Gefühle, welche man der Gelehrsamkeit entgegenbringt, romantische Gefühle aber nicht in dem Sinne einer rein platonischen Ehrerbietung etwa wie man in Deutschland für die Dichtkunst begeistert schwärmt, während der Dichtergenius dabei ruhig Hungers sterben mag. Nein, in China bringt es der Gelehrte auch am weitesten im praktischen Leben, im irdischen Glück und Wohlergehen. Schon für einen Geschäftsmann gibt es nichts Nützlicheres als Schulbildung. Wenn aber gar ein Mann durch eine Reihe von Examina den Nachweis erbracht hat, daß er die Klassiker beherrscht und einen im Geiste der Klassiker gehaltenen, in der Form tadellosen Aufsatz zu schreiben versteht, dann steht ihm die ganze chinesische Welt offen, Ämter und Würden werden ihm vor die Füße gelegt. Das stoische Wort „σοφὸς βασιλεύς", d. h. „der Weise ist König" gewinnt hier eine ganz buchstäbliche Bedeutung: der Weise wird Vizekönig. Gelehrter und Beamter ist in China ein und dasselbe, und derartig gewichtig ist ihre Stellung, daß man sagen kann, sie sind dem Volke Adel und Priesterschaft zugleich. Ähnlich ist es in Japan.

Seitdem in vorgeschichtlicher Zeit die Japaner mit der chinesischen Schrift bekannt geworden sind, insbesondere aber, seitdem der Koreaner Wani um das Jahr 400 n. Chr. ein eingehenderes Studium der chinesischen Klassiker angeregt hatte, ist die hohe Wertschätzung des Wissens nicht wieder ausgestorben, und Konfuzius und Buddha waren gleicherweise bemüht, dieselbe lebendig zu erhalten. Seit einem Jahrtausend hat es der Jüngling im Unterrichte lernen müssen: „Scharre tausend Stücke Goldes zusammen, sie sind nicht so viel wert als ein Tag Lernens;" „Schätze, die man im Schreine sammelt, gehen zugrunde, aber Schätze, die man im Kopfe sammelt, verfallen nicht."

Die chinesischen Lesebücher, welche bis vor wenigen Jahrzehnten auch in Japan im Gebrauch waren und ihre Rolle heute noch nicht ganz ausgespielt haben, sind vollgepfropft mit Hinweisen auf den Wert der Bildung und Erziehung.

Wie der Reiter dem Rosse die Sporen gibt, so wird der kleine ABC=Schütze immer aufs neue wieder angefeuert durch den Hinweis auf die Stellung, die er erlangen kann, auf das Paradies, das ihm aus dem Wissen erblühen muß. Gleich das erste Lesebuch beginnt folgendermaßen: „Die Menschen sind bei ihrer Geburt von Natur vollkommen gut. Aber wenn auch alle von Natur gleicherweise gut sind, so gehen sie doch in der Praxis weit auseinander. Ohne Erziehung wird die natürliche Anlage schlechter. Darum tut ein Unterrichtskursus not, der aber nur Wert hat, wenn der Schüler sorgfältig und eifrig ist. Ein Vater, welcher seinen Sohn ernährt, ohne ihm Bildung zu geben, verfehlt sich schwer. Ein Lehrer, welcher nicht mit Strenge bei der Arbeit ist, zeigt, daß er indolent ist. Von einem Knaben ist es sehr unrecht, wenn er nicht lernen will. Denn, wenn er nicht lernt in seiner Jugend, was will er im Alter beginnen? Wie unverarbeitete Edelsteine zu nichts taugen, so werden ungebildete Menschen niemals sich recht betragen können." Der Schluß des Buches führt eine Reihe von Beispielen von Fleiß und Lerneifer aus der Lebensgeschichte von Weisen und Staatsmännern des Altertums auf, welche unter den schwierigsten Umständen ihren Studien oblagen. Da wird von einem erzählt, daß er bei dem Scheine des Leuchtkäfers, von einem andern, daß er bei dem Reflex des Schnees gelesen habe. Einer schrieb seine Lektionen in Ermangelung von Papier auf Schilf, ein anderer auf Bambusblätter nieder. Einer band seinen Kopf mit seinem Haar an einem Balken fest, damit ihn der Schlaf nicht übermanne, ein anderer, zu dem gleichen Zweck, zwickte sich mit einer Kneipe in die Zehen. Dann heißt es weiter: „Hunde wachen bei Nacht und der Hahn kündigt den Morgen an; wenn einer sich weigert zu lernen, wie soll er wert sein ein Mensch zu heißen? Der Seidenwurm spinnt Seide, die Biene sammelt Honig; wenn einer zu lernen versäumt, ist er nicht unter dem Tier? Wer in der

9. Schule und Bildung;

Jugend lernt, um im Alter weise zu handeln, gewinnt Einfluß auf Fürsten, wird ein Wohltäter des Volkes, macht seinen Namen berühmt, häuft Ehren und Ruhm auf Eltern und Vorfahren und bereichert seine Nachkommenschaft. Manche lassen ihren Kindern Kisten voll Goldes zurück; ich aber, um Kinder zu lehren, hinterlasse einzig dieses kleine Buch. Fleiß erntet Verdienst, doch Spiel wirft keinen Gewinn ab; darum habe acht und strenge deine ganze Kraft an!" Das bezeichnendste Beispiel aber ist eine Ode aus dem vierten Lesebuch. Dieselbe ist es wohl wert, hier angeführt zu werden:

> Kindern eine Erziehung zu geben, ist heilige Pflicht.
> Nicht entschuldige dich, daß arm ist deine Familie;
> Denn wer gut zu führen versteht den Pinsel zum Schreiben,
> Geht, wohin 's ihm beliebt; nie braucht er zu betteln um Gunst.
>
> Sieh da, ein Knabe von sieben Jahren mit glänzenden Gaben!
> Höre sein Wort: „Der Himmel," so spricht er, „gab mir Gescheitheit.
> Zutritt hat der Weise zum Hofe des heiligen Herrschers,
> Warten läßt man ihn nicht, wenn er Fürsten besucht und Minister.
>
> „Frühe am Morgen ward ich geboren in ärmlicher Hütte,
> Abends trat ich hinein in den Hof des Sohnes des Himmels.
> Weder Zivil- noch militärische Ämter sind erblich;
> Jeder kann sie erlangen, nur darf er die Mühe nicht scheuen.
>
> „Berge hat man durchstochen, um hin zum Meere zu kommen,
> Steine hat man getürmt bis hinauf zur Höhe des Himmels;
> So ist kein Ding in der ganzen Welt, das unmöglich wäre,
> Einzig nur, daß es an Kraft des Willens nicht darf gebrechen.
>
> „Einst bin ich selbst als armer Bub zur Schule gegangen,
> Heute fahre ich hoch auf vierbespanntem Wagen,
> Und vor Bewunderung schrei'n meines Heimatsdorfes Bewohner."
> Darum soll jeder, der Kinder besitzt, sie trefflich erziehen.

Ich habe die japanische Schriftsprache seiner Zeit an der Hand der jetzigen, modern gehaltenen Schullesebücher erlernt. Auch diese sind mit Hinweisen auf die Bedeutung des Lernens und Wissens gefüllt. Bei solchem täglichen Antrieb kann es nicht ausbleiben, daß der Lerneifer den Schülern in Fleisch und Blut übergeht.

Die erste japanische Schule, welche um das Jahr 668 gegründet wurde, war eine Hochschule. Die Fächer, welche auf derselben gelehrt wurden, waren: Chinesische Klassiker und zwar, obligatorisch für alle Studenten, besonders Kokyo (= Hiaoking „Kanon der Pietät") und Rongo (= Lüngü „Sprüche des Konfuzius über Moral, Politik ⁊c."), ferner Medizin, Astrologie und Musik. Nach dem Muster dieser Hochschule wurden auch in den Distriktshauptstädten des Landes Lehranstalten errichtet, und es ist wiederum ein treffender Beweis für die japanische Achtung vor dem Wissen, daß die Gouverneure der Provinzen selbst verpflichtet waren, an diesen Schulen zu unterrichten, soweit ihre literarischen Kenntnisse dazu ausreichten. Die Zahl der Besucher war entsprechend dem Bedarf an Beamten, Ärzten und Lehrern eine beschränkte. Bei der Aufnahme erhielten Beamtensöhne den Vorzug. So entstanden gewissermaßen erbliche Beamtenfamilien. Es ist überhaupt eine japanische Eigentümlichkeit, daß nicht bloß Handwerk und Ackerbau, sondern auch Dichtkunst und Malerei, Lehramt, Medizin und klassische Gelehrsamkeit vom Vater auf den Sohn forterbten, so daß man es hier nicht mit einzelnen Dichtern, Malern und Gelehrten zu tun hat, sondern mit Dichter-, Künstler- und Gelehrtenfamilien. Daß dabei in der technischen Fertigkeit eine Förderung erzielt wurde, ist zweifellos; aber ebenso sicher ist, daß man der Kunst und Wissenschaft den Charakter des Handwerksmäßigen aufprägte, indem man die freien Töchter des Himmels in das beengende Geschirr des Handwerks spannte.

Etwas allgemeiner wurde die Bildung erst seit dem zehnten Jahrhundert, nachdem der Buddhismus festen Fuß im Lande gefaßt hatte. Der Konfuzianismus ist ein aristokratisches System, welches sich in seinen philosophischen Partien nur an die höheren Klassen wendet; der Buddhismus aber, wie er in den Jahrhunderten nach Buddha herausgestaltet wurde, ist eine echte Volksreligion, durch und durch demokratisch, für die breiten Massen des Volkes. Für diese hat er von jeher gearbeitet und unter ihnen ist er heute noch eine Macht. Der Buddhismus muß als der Vater der japanischen Volksbildung betrachtet werden. Aber mit der Verbreitung der Bildung trat zugleich eine Verflachung ein. Der Buddhismus bemächtigte sich der ganzen Bildung und über dem Auswendiglernen buddhistischer Sutra wurde die klassische chinesische Gelehrsamkeit vernachlässigt. So herrschten in der ersten Hälfte unseres Jahrtausends in Europa und Japan die gleichen Verhältnisse, nur daß es hier buddhistische dort aber katholische Mönche waren, welche die Lehrstühle als ihr ausschließliches Herrschaftsgebiet besetzt hielten.

Aber wie kurz vor der Reformation in Europa der Umschwung eintrat, wie die Kuttenmänner durch die Humanisten verdrängt wurden, so strömte hundert Jahre später auch in Japan die Flut zurück. Durch den Einfluß des Shoguns Jheyasu wurden die Mönche aus allen staatlichen Schulen verdrängt und die konfuzianischen Gelehrten traten wieder in ihre Rechte ein. Sie sind die Erzieher der heutigen maßgebenden Kreise, die durch und durch von der religionslosen utilitaristischen Moral des Konfuzius durchdrungen sind, auch dann, wenn sie etwa den Namen des Meisters schnöde verleugnen. Den Buddhisten dagegen blieb nichts weiter übrig als private Lehrtätigkeit. Sie beschränkten dieselbe fast ganz auf das gewöhnliche Volk, und legten in ihren Tempelschulen, in welchen sie die Kinder aller Stände in den Elementarfächern unterrichteten, den Grund zu den eigentlichen Volksschulen der Gegenwart.

Es gibt in der Geschichte des japanischen Unterrichtswesens Stellen, wo man sich förmlich von moderner Luft angeweht fühlt, wenn z. B. schon aus der frühesten Zeit von der Gründung von Bibliotheken und der Schaffung von Stipendien berichtet wird. Die Methode des Unterrichts dagegen war recht altertümlich. Der Lehrer redete und der Schüler hielt bescheiden den Mund. Der Unterricht bestand im Dozieren. Von einer Selbsttätigkeit des Schülers war keine Rede. Der gesamte Unterricht bestand in Lesen, verbunden mit Auswendiglernen, und Schreiben. Doch ist dabei zu bemerken, daß der Stoff der Lesebücher zum großen Teil moralischer, aber auch geschichtlicher und naturkundlicher Art ist, so daß also auch diese Fächer nicht übergangen sind. Das Rechnen wird nicht sowohl in der Schule, als vielmehr im praktischen Leben an der Hand der Rechenmaschine geübt.

Auf das Auswendiglernen wurde das größte Gewicht gelegt. Der verstorbene ausgezeichnete Sinologe Dr. Ernst Faber schreibt mit bezug auf China:

„Jedermann, der eine Stellung im Staatsdienst hat, oder als Lehrer tätig ist, oder sich darauf vorbereitet, kennt den Inhalt der Klassiker, wenn auch nicht gerade aller 13, auswendig, dazu auch die autorisierten Erklärungen. Solcher Leute gibt es etliche Millionen in den Provinzen Chinas. Noch zahlreicher sind solche Personen, welche, ohne ihre klassischen Studien zu vollenden, einen Beruf des Erwerbslebens ergriffen haben, aber doch etliche der Klassiker auswendig wissen." Ebenso war es in Japan, und heute noch gilt es von der älteren Generation des Samuraistandes. Aber das Auswendiglernen der Klassiker war im wesentlichen doch nur Mittel zum Zweck; es war ein Hilfsmittel des Aufsatzschreibens.

Der Aufsatz ist das Ziel des chinesischen und also auch des früheren japanischen Unterrichtsbetriebs. Er ist ebenso abstrakt, wie es die chinesischen Lesebücher sind. Über einen konkreten Gegenstand einen Aufsatz zu machen, wäre eine Entweihung. Der Aufsatz ist etwas so Ehrfurchtgebietendes, daß er über „die Kuh" und „das Pferd" hoch erhaben ist. Ein guter Aufsatz hat die Kenntnis der Klassiker zur Voraussetzung. Von ihm wird nicht verlangt, daß er original ist; im Gegenteil: alles kommt darauf an, daß und wie die Gedanken der Klassiker und die Beispiele aus der alten Geschichte verwertet sind. Der Knabe wird streng daran gewöhnt, nur mit den Gedanken derer zu denken, welche vor 2000 Jahren und mehr über die Erde gegangen sind. Aber auch in der Form hat der Aufsatz die Klassiker durchaus zum Vorbild. Nicht allein, daß die Worte nach dem Muster der Klassiker gestellt werden müssen; nein, auch jedes Bild und jede Phrase hat die Klassiker zur Grundlage, zum mindesten muß überall die Anspielung und Anlehnung an dieselben bemerkbar sein. Der Aufsatz ist ein Kunstwerk, um nicht zu sagen ein gekünsteltes Werk, und ein nach Form und Inhalt klassisch gehaltener Aufsatz ist für den Ostasiaten, den heutigen Japaner mitinbegriffen, ein hoher ästhetischer Genuß. Auch in dem neuen Japan hat sich der Aufsatz noch in hohem Grade die alte Form bewahrt. Gar keine Veränderung vollends hat der Briefstil erfahren. Der Brief ist völlig beherrscht von der konventionellen Form. Ein Brief,

welcher Herzlichkeit und Natürlichkeit atmet, wie bei uns zwischen
Freunden und Verwandten, ist eine Unmöglichkeit. Man denke
sich die konventionellen Schnörkel und Umschreibungen eines
modernen „Briefstellers" mehrfach übertrieben und man kann sich
einen Begriff von einem ostasiatischen Briefe machen.

Das schlimmste Erbstück aber, welches Japan aus seiner
Vergangenheit in die gegenwärtigen Schulverhältnisse hat herüber=
nehmen müssen, ist die chinesische Schrift. Bekanntlich ist
die chinesische Schrift eine Zeichenschrift. Jedes Wort, jeder
Begriff wird durch ein besonderes Zeichen ausgedrückt. Es gibt
also so viele verschiedene Zeichen, als die Sprache Begriffe hat.
Kürzlich hat die japanische Regierung 1200 der gebräuchlichsten
Zeichen zum Unterrichtsgebrauch zusammenstellen lassen und der
deutsche Professor A. Florenz in Tokio, der neben dem Eng=
länder Chamberlain der beste Kenner der japanischen Philologie
und Literatur ist, hat dieselben, mit den Aussprachen der Unter=
haltungs= und Schriftsprache versehen, in das Deutsche über=
tragen. Aber in Wirklichkeit kommt man, um ein nicht schweres
Buch lesen zu können, mit 1200 Zeichen bei weitem nicht aus.
Das bedeutet für den japanischen Schüler eine ungeheure Be=
lastung. Man hat darum versucht, eine andere Schriftart ein=
zuführen. Aber alle Versuche, das jetzige Schriftsystem durch
„Kana", die leichte japanische Silbenschrift, oder „Romaji", die
lateinische Schrift, zu ersetzen, sind vorläufig als gescheitert zu
betrachten. Das Interesse für die Kana= und Romajibewegung,
welches in den achtziger Jahren sehr rege war, ist heute tot, und
das ist ein Beweis dafür, daß die Volksseele selbst einer Ab=
änderung widerstrebte.

Das Problem der Abänderung der Schrift ist darum so
außerordentlich schwierig, weil die Schrift so wenig wie die Sprache
etwas rein Mechanisches und Äußerliches ist, welches man leicht
wechseln könnte wie ein Kleid; vielmehr ist es ein psychologisches
Problem, um welches es sich dabei handelt. Unsere Schrift ist
durchaus abstrakt; unsere Zeichen als solche sagen dem Betrach=
tenden nichts. Im Chinesischen dagegen ist das Schriftzeichen
konkret; das Zeichen spricht direkt zu dem Betrachtenden wie ein

Gemälde; der Begriff ist unmittelbar in dem Zeichen enthalten. Im Chinesischen wird nach Art der Hieroglyphen dem Auge ein Bild der betreffenden Dinge dargeboten, so daß der Betrachtende sinnlich erfaßt, was wir verstandesmäßig zu begreifen gezwungen sind. Die Zeichen für Baum, Berg, Fluß, Tor, Flügel ꝛc. geben jetzt noch klar erkennbare Bilder dieser Gegenstände. In andern Fällen enthält das chinesische Zeichen ganze Definitionen, wo unsere entsprechenden Schriftworte keinerlei Anhaltspunkte ihres Sinnes geben; so schreibt man drei Bäume für Wald, zwei Bäume für Park, Sonne und Mond für hell, Stein und klein für Sand, Mitte und Herz für Treue, ein Schwert auf ein Herz gezückt für dulden, grün und Jahre für Jüngling, Punkt über dem Strich für oben, Punkt unter dem Strich für unten, Berg auf und ab für Paß, d. h. Bergpaß. Auch kulturhistorisch sind manche Zeichen von großer Bedeutung. So schreibt man für Himmel eins und groß, also das große Eine und das stimmt genau mit der alten chinesischen Naturreligion überein, die den Himmel als höchste Gottheit verehrte. Zwei Frauen nebeneinander bedeutet Zank, Hader, Eifersucht, und das Zeichen läßt mit Bestimmtheit darauf schließen, daß die alten Chinesen Polygamisten waren; eine Frau unter einem Dach dagegen bedeutet Stille, Ruhe, Frieden; also haben schon die alten Chinesen gewußt, daß, wer Ruhe im Hause haben wolle, nur eine Frau sich anschaffen dürfe.

Man wird verstehen, daß die chinesische Schrift neben großer Umständlichkeit auch außerordentliche Bequemlichkeit bietet, vor allem aber, daß ein Geist, welcher geneigt ist, mehr als wir unmittelbar auf der Grundlage der sinnlichen Anschauung zu denken, freiwillig nicht auf ein seiner Denkweise so entsprechendes System verzichtet, und daß er nicht eher davon abgehen wird, als bis eine eiserne Notwendigkeit ihn dazu zwingt. Inwieweit aber da die völlige Unmöglichkeit, für die Unmasse neu eindringender Worte und Begriffe chinesische Charaktere zu schaffen, den jetzigen Stand des Schriftsystems beeinflussen wird, muß die Zukunft lehren. Jedenfalls wird man sich dem Bewußtsein jener Unmöglichkeit nicht lange mehr verschließen können. Gerade je kom=

plizierter man gegenwärtig noch die Schriftsprache gestaltet durch das Bemühen, die neue Kultur in chinesische Zeichen zu pressen, um so elementarer wird das Bewußtsein von der Unmöglichkeit einst hervorbrechen. Auch diese Sorte neuen Weines verträgt keine Füllung in alte Schläuche, und die Freiheit, welche das innerste Wesen unserer Kultur ausmacht, wird es trotzig verweigern, sich auf die Dauer die Zwangsjacke des chinesischen Zeichens, des Prinzipes der unveränderlichen Bestimmtheit und Stagnierung, anlegen zu lassen. Nur eine Zeitlang wird der griechische Pegasus sich bequemen, als chinesischer Ackergaul im Zwang des Geschirres zu dienen; und je früher dem neuen Besitzer die Augen aufgehen, desto besser für ihn.

Im übrigen ist das japanische Schulwesen heute ganz auf europäische, und zwar, soweit es staatlich ist, wesentlich auf deutsche Grundlage gestellt.

Wenn man die neue Periode Meiji d. h. die erleuchtete genannt hat, so verdient sie ihren Namen nicht zum wenigsten wegen ihrer Verdienste um die Volksaufklärung. Heute ist die Schulbildung Gemeingut des ganzen japanischen Volkes. Eingeleitet wurde das neue Zeitalter der Schule durch einen kaiserlichen Erlaß vom Jahre 1872, welcher charakteristisch genug ist, um hier einen Platz zu finden: „Alles Wissen", heißt es da, „sowohl das, welches man im alltäglichen Leben braucht, als auch das, was erforderlich ist, um Offiziere, Ärzte, Landwirte, Handwerker und Kaufleute zu bilden, wird durch Lernen erworben. Obgleich nun das Lernen unbedingt erforderlich ist, um erfolgreich im Leben wirken zu können, so erachtete man es doch bisher für das gewöhnliche Volk als überflüssig, und auch in den höheren Studien wurden meistens nur zwecklose Diskussionen und wertlose Aufsatzübungen gepflegt, die wenig praktischen Nutzen brachten und die Folgen davon waren Armut und Mißgeschick im Leben. Darum muß der Unterricht so erteilt werden, daß hinfort in keinem Orte eine unwissende Familie und in keiner Familie ein unwissendes Glied gefunden werde." (Volljahn.)

Das ganze Volksschulwesen steht unter staatlicher Kontrolle. Die Schulen sind Gemeindeanstalten; doch gibt es noch eine große Zahl von Privatvolksschulen. Die Lehrer sind auf Seminarien vorgebildet; falls sie ein Seminar nicht besucht haben, müssen sie ihre Befähigung durch eine Prüfung nachweisen. Der Schulzwang ist in der Praxis nicht strenge durchgeführt. Doch wächst die Zahl der Schüler stetig. Heute besuchen von allen Kindern 85 Prozent die Schule, von den Knaben allein 94 Prozent. Die Volksschule zerfällt in einen einfachen vierjährigen und in einen höheren dreijährigen Kurs. Letzterer wird nicht von allen Schülern besucht. Die Grenzen der Schulzeit bilden das sechste und das vierzehnte Lebensjahr. Die Unterhaltungskosten werden zu einem großen Teil durch Schulgeld gedeckt. Die Lehrergehälter sind sehr gering. Die Unterrichtsgegenstände sind, mit Ausnahme der Religion, die in keiner Form gelehrt wird, die aber durch Moralunterricht ersetzt werden soll, so ziemlich dieselben wie bei uns. Auch der deutsche Kindergarten ist eingeführt und mit großem Beifall aufgenommen worden. Die Zahl der besuchenden Kinder ist in den Städten eine sehr große. Bemerkenswert ist, daß man, wie in England und anderen Ländern, auch in weiten Kreisen des japanischen Volkes das Wort Kindergarten beibehalten hat. Auch für den Unterricht körperlich und geistig zurückgebliebener Kinder ist Fürsorge getroffen. Bei den Jahresschlußübungen der Blinden- und Taubstummenanstalt in Tokio habe ich mich davon überzeugen können, welche bewundernswerte Resultate hier erzielt werden. Die Lehrgegenstände der einfachen Volksschule sind: Sittenlehre, Lesen, Schreiben, Satzlehre, Rechnen und Turnen. Für die höhere Volksschule kommt noch dazu: Geographie, nationale Geschichte, Naturlehre, Zeichnen und Singen. Um das ganze Volksschulwesen haben sich besonders der jetzige Berliner Schuldirektor Dr. Hausknecht, früher Professor und Ratgeber in Tokio, und der Ministerialdirektor Terada, welcher zu Anfang der neunziger Jahre die deutsche Schule an Ort und Stelle studierte, sehr verdient gemacht.

Auch das höhere Schulwesen wurde in dem neuen Zeitalter der Aufklärung einer gründlichen Revision unterworfen. Der alte konfuzianische Gelehrte, welcher eine immer größere Seltenheit wird, und der moderne japanische Professor der Uni=

versität stehen sich wie Menschen aus zwei völlig verschiedenen Welten gegenüber. Es gibt heute keine Fachschulen in Europa, die man nicht auch in Japan besäße. Von den bedeutendsten Regierungsschulen seien hier nur einige erwähnt: Gymnasien niederer und höherer Ordnung, Realschulen, Lehrerbildungs=
anstalten, technische Schulen, die Kunstschule, die Adelsschule, die Marineakademie, die Kadettenanstalt, die Kriegsschule und die Musikakademie für europäische und chinesische Musik. Weitaus die meisten sind in Tokio, dem Mittelpunkt der japanischen Bildung. Hier befindet sich denn auch die Krone der Schulen, die Univer=
sität. Zwar ist neuerdings noch eine zweite Hochschule in Kyoto eröffnet worden, doch ist dieselbe vorerst noch in der Entwicklung begriffen. Die Universität zu Tokio hat ungefähr tausend Schüler. In ihrer äußeren Einrichtung ist sie nach amerikanischem „College"-System organisiert. Sie zerfällt in sechs Fakultäten: Rechts=
wissenschaft, Literatur (Philologie, Philosophie, Geschichte ꝛc.), Naturwissenschaften, Technik, Medizin und Landwirtschaft. Eine theologische Fakultät gibt es nicht. Die medizinische Abteilung steht ganz, die literarische, rechtswissenschaftliche und landwirt=
schaftliche fast ganz unter deutschem Einfluß. Nicht nur, daß in den letzten Jahrzehnten beständig acht bis zwölf deutsche Pro=
fessoren hier unterrichteten, während die anderen abendländischen Nationen zusammen nicht so viele hatten; auch die japanischen Lehrer haben meistens in Deutschland studiert. Wie ein deutscher Professor berichtete, hat der französische Gesandte in Tokio, der, selbst ein Gelehrter, vor einiger Zeit die Universität besichtigte, zum Schluß bemerkt: „Alles sehr schön, aber — zu sehr deutsch!"

Diesen Seufzer können wir dem Franzosen nachfühlen. Als Japan in die Geleise der europäischen Kultur einlenkte, waren die Schlachten des Jahres 1870 noch nicht geschlagen. Frank=
reich war die erste Nation, und Japan nahm es sich zum Vor=
bild. Das ist anders geworden. Während zur See und in Dingen der Technik und des Verkehrs Japan hauptsächlich von England und in zweiter Linie von Amerika zu lernen suchte, ist es in allem andern bei den Deutschen in die Schule gegangen. An der Kadettenanstalt und der Kriegsschule besteht ein deutscher und

ein französischer Kurs. Die Schüler melden sich aber fast ausnahmslos für den deutschen Kurs, so daß der französische nur durch Zwangseinweisung ermöglicht wird. An dem Gymnasium und der Universität ist seit einigen Jahren die deutsche Sprache die Hauptsprache geworden, und auch an anderen Lehranstalten ist sie in die erste Stelle eingerückt. Da das Studium der chinesischen Klassiker immer mehr in den Hintergrund tritt, darf **das Deutsche** als die eigentlich klassische Sprache des Landes bezeichnet werden, die dort annähernd dieselbe Stelle vertritt wie auf unsern hohen Schulen das Latein. Das ist etwas, worauf wir als Deutsche stolz sein dürfen. Schon diese eine Tatsache sollte genügen, die Blicke des Deutschtums mit Teilnahme auf dieses Land zu richten, welches ihm das Zeugnis ausstellt, daß es die höchste Blüte der Kultur besitze.

In dieser japanischen Vorliebe für deutsches Wesen hat auch die Mission des Allgemeinen **evang.-prot. Missionsvereins**, die einzige deutsche, die in Japan arbeitet, eine hohe Verpflichtung für sich erkannt. Wir sind der Überzeugung, daß wir auch als Missionare und Diener Christi doch zugleich noch Deutsche sein dürfen. Und in der Tat sind wir Missionare es gewesen, welche allezeit die Fahne des Deutschtums, nicht im politischen, sondern im kulturellen Sinn in die Hand genommen und hochgehalten haben. In jedem Winter haben wir durch den von uns (D. Spinner) gegründeten Verein Sol Oriens große Vortragszyklen veranstaltet, wo deutsche Lehrer der Universität und anderer Anstalten oder auch deutsch verstehende japanische Gelehrte unter großem Zulauf und mit lebhaftem Beifall über alle möglichen Gegenstände des Wissens sprachen. Daß an unserer theologischen Schule das deutsche Wissen nicht vernachlässigt wird, versteht sich von selbst. Wir haben aber auch eine deutsche Sprach- und Literaturschule, welche an drei Abenden in der Woche zu je zwei Stunden abgehalten wird. Sie wird zu einem großen Teil von Schülern des Gymnasiums und der Universität besucht. Wenn der Leser mit mir eine deutsche Deklamationsstunde besuchen wollte, so könnte er aus japanischem Munde unsere deutschen patriotischen Gedichte und Lieder hören, z. B. „Die Wacht am Rhein", oder

„Ich hab' mich ergeben". Ich habe einmal mit dem Oberkurs Schillers „Spaziergang" und in einem andern Semester Lessings „Erziehung des Menschengeschlechts" gelesen. Unsere Missionare D. Spinner, Professor Schmidel, Dr. Christlieb, Pfarrer Haas, Pfarrer Wendt u. a. haben sich um die Förderung der deutschen Philosophie und humanistischen Wissenschaften überhaupt große Verdienste erworben. Haas ist der Herausgeber der ersten deutschen Zeitschrift in Japan „Die Wahrheit".

Ich kann mir nicht versagen, einen unserer deutsch erzogenen jungen Japaner vorzustellen. Im Herbste 1896 führte mich mein Weg nach Berlin. Eines Tages stand ich auf der Friedrichstraße und sah mir einen Schauladen an. Plötzlich wurde ich von hinten angeredet: „Sie entschuldigen, Sie sind doch wohl der Herr Pfarrer M.?" Ich drehte mich um und — vor mir stand ein kleiner Herr mit mongolischen Gesichtszügen und lächelte mich freundlich an. Meine Freude war sehr groß. Das war ja mein lieber junger japanischer Freund F., ein treues Mitglied unserer heidenchristlichen Gemeinde Hongo in Tokio. Als blutjunger Gymnasiast war er mit unserem ersten Missionar Spinner bekannt geworden und nach vorhergegangenem christlichem Unterricht wurde er getauft. Er hat auch eine Zeitlang bei ihm im Hause gewohnt und hier den Grund zu seinen deutschen literarischen Kenntnissen gelegt. Fast unscheinbar und bescheiden nach außen hin war er doch ein hochbegabter Mensch und in seiner Klasse unbestritten der Erste. Trotz seiner bekannten Vorliebe für deutsche Klassiker und für chinesischen Stil entschloß er sich zu dem Studium der Medizin. Auch hier lenkte er bald die Aufmerksamkeit auf sich. Wenn ich mich bei seinen deutschen Lehrern an der Universität nach ihm erkundigte, so hörte ich immer nur Worte des Lobes und der Anerkennung. „Und der gehört zu Ihnen?" fragten sie, „nun, auf den dürfen Sie stolz sein." Und wir waren auch stolz auf ihn. Auch in der Gemeinde galt er viel, wenn er auch zu still und zurückgezogen war, um eine Rolle spielen zu wollen. Zwar war er langjähriger Vorsitzender des Studentenvereins Sol Oriens und ein tüchtiger Mitarbeiter an unserer Zeitschrift Shinri, für welche er manche gute Übersetzung lieferte, aber ein hervorragendes Gemeindeamt hat er nie verwaltet, und nicht ein einziges Mal habe ich ihn als Vorbeter gesehen. Aber am Sonntag sah man ihn auf seinem Platze in der hintersten Bank der Kirche; in mancher Bibelstunde auch war er zugegen, und manchen Spaziergang haben wir zusammen gemacht. In den Missionarshäusern war er ein gern gesehener Gast und manchmal habe ich ihn in seinem Studentenzimmer in der Geshikuya (Logierhaus) besucht. Als ich im Jahre 1895 Tokio verließ, rief ich ihm beim Abschied: „Auf Wiedersehen!" zu. Damals meinte ich, ihn im nächsten Jahre in Tokio wieder zu treffen. Und nun — begegnen wir uns unvermutet auf der Friedrichstraße von Berlin! Wir hatten uns viel zu erzählen, und des Freudigen und Schmerzlichen bekam ich genug zu hören. Am erfreulichsten aber war das, was ich über ihn selbst erfuhr. Er hatte bald nach meiner Rückkehr sein Abgangsexamen an der Universität bestanden, und zwar mit solchem Erfolge, daß die Regierung auf ihn aufmerksam wurde. Eine Auszeichnung, die heute, wo es für vermögende junge Leute zum guten Ton gehört, im Ausland gewesen zu sein, nur noch sehr wenigen zuteil wird, ist ihm geworden: die Regierung sandte ihn auf ihre eigenen Kosten für einige Jahre nach Deutschland, damit er sich hier noch weiter in seinem Fache vervollkommne. Als ich mit ihm zusammentraf, war er gerade auf dem Wege zu Virchow. Jetzt ist er, wohlausgerüstet mit deutschem Wissen, längst in seine sonnige Heimat zurückgekehrt, und in einer angesehenen akademischen Stellung, als Professor an der Universität Kyoto, hat er Gelegenheit, seiner deutschen Erziehung Ehre zu machen.

Aber trotzdem Deutschland so bevorzugt ist, hat gerade der Deutsche vieles an dem Unterrichtswesen auszusetzen. Gewiß darf Japan auf die Organisation seines Schulwesens im allgemeinen stolz sein. Aber mit Bezug auf den inneren Geist ist doch noch manches auszusetzen. In früheren Jahren kannte man nur ein humanistisches Studium; die Klassiker allein wurden zum Gegenstand des Studiums gemacht. Man hatte dabei nicht nur die Verstandesbildung, sondern mehr als das, die Charakterbildung im Auge. Heute ist das vielfach in sein Gegenteil umgeschlagen.

Das Wissen ist das Ziel des Unterrichtes, nicht die Erziehung. Der Geist der japanischen Schule ist **einseitig realistisch**. Zwar bei der Universität, den Regierungsgymnasien und den Lehrerbildungsanstalten ist es verhältnismäßig noch am besten; zumal in den Gymnasien wird viel humanistischer Stoff verarbeitet. Aber der Geist, welcher die Fachschulen und das ganze Privatschulwesen beherrscht, ist ganz und gar realistisch und formalistisch.

Die Zahl der **Privatschulen** ist Legion. Es gibt ihrer eine große Menge von den besteingerichteten „Colleges" an bis zu den primitivsten Elementarschulen. An der Spitze steht die „Keiogijuku", das nach amerikanischem Gymnasial= bezw. College-Stil eingerichtete Institut des jetzt verstorbenen Fukuzawa. Fukuzawa gilt als die Seele des modernen gebildeten Japans, und zweifellos ist er als der geistige Vater der Hälfte der japanischen Politiker anzusehen. Fukuzawa hat es stets verschmäht, ein politisches Amt, auch das des Unterrichtsministers, zu bekleiden, und doch war die unglückselige Verquickung von Politik und Erziehung auch bei ihm stark bemerkbar. Als Pädagog hat er sich natürlich auch mit den religiösen Problemen beschäftigt, und er besonders war es, welcher in der Mitte der achtziger Jahre das Christentum als Staatsreligion empfahl, weil Japan dadurch Gleichberechtigung mit den Westmächten erziele. Seine Schülerzahl beträgt zu jeder Zeit viele Hunderte, und als politisch bemerkenswert mag angeführt sein, daß nach dem Ende des chinesischen Krieges auch hundert Koreaner in die Schule eintraten, mit dem Hauptzweck, die japanische Sprache zu erlernen.

Dicht hinter Fukuzawas Schule kommen einige Missionsinstitute; als erstes die Doshisha in Kyoto und auf nur wenig niedrigerer Rangstufe die Meiji Gaku=in der Vereinigten Presbyterianer in Tokio.

Sprachschulen gibt es in großer Zahl. Am stärksten ist das Englische vertreten als die Verkehrssprache, während die deutsche Sprache als die wissenschaftliche gleich hinterdrein kommt. Es gibt aber auch französische, holländische, russische, koreanische, italienische und spanische Sprachschulen. Ich glaube nicht zu hoch zu greifen, wenn ich ihre Zahl in Tokio allein auf etwa hundert schätze. Die meisten sind freilich auch darnach)!

Überhaupt ist das pädagogische Manchestertum, das ganze ausgebreitete Privatschulwesen für Japan ein beklagenswerter Übelstand. Es sind zwar in diesen Anstalten auch tüchtige Schüler zu finden, aber zu einem großen Teil ist es doch minderwertiges Material, welches, für Regierungsschulen zu gering, hier immer noch mit offenen Armen aufgenommen wird. Der Besuch einer Privatschule berechtigt zu keinem öffentlichen Amt, und so entsteht ein großes halbgebildetes Proletariat, und damit ein unzufriedenes, nörgelndes Element in dem Volksganzen. Das können doch unmöglich gesunde Zustände sein, wenn bei einer staatlichen Prüfung zur Qualifikation für das höhere Justizfach ein paar hundert junge Leute aus Privatrechtsschulen das Examen mitmachen, während doch von vornherein feststeht, daß entsprechend dem Bedarf nur sechsunddreißig bestehen können!

Auch die Disziplin wird durch das Privatschulwesen in einer Weise untergraben, welche sich allmählich als recht bedenklich herausstellt. Hier haben sich nicht die Schüler nach den Lehrern, sondern die Lehrer nach den Schülern zu richten. Geschieht das nicht, so treten die Schüler aus. Sie riskieren ja nichts dabei. Sie finden immer wieder ihre Unterkunft in einer Konkurrenzschule, welche sie mit Freuden und ohne jede Nachfrage nach ihrem sittlichen Charakter aufnimmt. Die Trinität, zu welcher der junge Samurai in früheren Jahren ehrfurchtsvoll aufschaute, waren Vater, Fürst und Lehrer, und er konnte in die größte Verlegenheit gebracht werden, wenn man ihn fragte: „Wen würdest du zuerst retten, wenn die drei zusammen in das Wasser fielen und daran wären, zu ertrinken?" Damals war das Wort des Lehrers ein religiöses Orakel. Heute ist die Autorität und Ehrfurcht vollständig untergraben. Schulstreiks sind an der Tagesordnung. Der Lehrer kommt eines schönen Morgens in die Schule und von den fünfzig Schülern der Klasse ist keiner erschienen. Oft kann man davon hören, daß sie ihren Willen durchsetzen, sei es, daß es sich um eine von ihnen beantragte Entfernung eines mißliebigen Lehrers handelt, sei es, daß man sich irgend einem ihrer

Wünsche nicht willfährig zeigte. Nicht selten schreiben die Schüler vor, was der Lehrer unterrichten soll, und wenn sie es nach ein paar Wochen überdrüssig sind, so befehlen sie wieder etwas anderes. Lehrer in Japan zu sein, ist keine Kleinigkeit, wenigstens keine Leichtigkeit. Unter dem Beispiel der Privatschulen lernen es auch die Lehrer der Staatsanstalten, nach der Pfeife der Schüler zu tanzen. Dem heutigen japanischen Schüler kann man bei all seinen Vorzügen den Vorwurf der Flegelhaftigkeit nicht ersparen. Der Mangel des religiösen und humanistischen Unterrichts macht sich bedenklich bemerkbar. Zu spät erkennen die Meister, was für Geister sie sich großgezogen haben. Dem japanischen Studenten wird genug für seinen Verstand, aber zu wenig zur Bildung seines Charakters geboten. Das Wohl des Volkes erheischt mit apodiktischer Notwendigkeit einen folgerichtigen Ausbau des staatlichen und eine entschiedene Beschränkung des privaten Unterrichtswesens.

Aber es ist nicht nur das, worin eine Änderung bringend not tut. Vielmehr stellt es sich immer mehr heraus, daß die religionslose Moral des Konfuzianismus, wie sie in den Schulen gelehrt wird, zur Erziehung nicht ausreicht. Japan hat in den letzten Jahren aus Anlaß der Einführung von neuen Schulbüchern einen großartigen Bestechungsskandal erlebt, durch welchen 150 Schuldirektoren, Schulinspektoren, Schul- und Regierungsräte, sogar ein paar Regierungspräsidenten ins Gefängnis kamen, und die ganze Korruption in dem bis dahin so gefeierten religionslosen Schulwesen grell beleuchtet wurde. (Schiller.) Tatsächlich gewinnen denn auch Männer wie der Christ Kataoka Kenkichi, der nunmehr viermal nacheinander Präsident des Parlaments war, und dem es eine Ehre ist, die Leitung der großen Missionsschule Doshisha zu Kyoto zu übernehmen, oder der Christ Ebara Soroku, der selbst eine höhere Privatschule in Tokio besitzt, immer größeren Einfluß auf das Schulwesen. Hat die moderne japanische Schule seither das Wissen als einziges Ziel betrachtet, so wird sie in Zukunft auch der Charakterbildung ihre Aufmerksamkeit zuwenden müssen.

10. Haus und Sitte; Konfuzius.

Wenn es irgendwo zur Beurteilung von Menschen und Volk notwendig ist, in die Familie einzukehren, so ist das in Japan der Fall. Nirgends hat man der Familie größere Bedeutung beigemessen, nirgends ist sie so sehr die Grundlage aller bestehenden Ordnung, nirgends so sehr das Fundament der Sittlichkeit und Tugend. Hier hat Konfuzius sein Meisterstück gemacht. Er hat erkannt, daß das Blut der beste Gemeinschaftskitt ist, und daß Leute, in deren Adern dasselbe Blut fließt, schon von Natur und darum auch moralisch zusammengehören. In diesem Satz liegt das Geheimnis seines Erfolges. Die logische Folgerung aus diesem Satz ist sein Familiensystem mit der Tugend der Kindesliebe „ko" als Grund und Krone; und sein nationales System mit der Tugend des Patriotismus und der Loyalität „chu" ist nichts weiter als der natürliche folgerichtige Ausbau des „ko".

Wenn nun die Familie die Grundlage der menschlichen Gesellschaftsordnung ist, so ist die Erhaltung der Familie die erste Pflicht. Im Grundsatz steht fest, daß jeder männliche Japaner heiraten muß. Junggesellen, wie sie sich bei uns allmählich zu einem förmlichen Stand herausbilden, gibt es so gut wie nicht, und da die Natur in bezug auf die Verteilung der Geschlechter weise Vorsorge getroffen hat, so ist auch das Altjungferntum etwas Unbekanntes. Der Japaner kennt keinen größeren Stolz, als Vater zu sein, die Japanerin kein höheres Gebot, als Mutter zu werden. Die Fortpflanzung der Familie ist der einzige Zweck der Heirat, und wo infolge von Kinderlosigkeit der Ehe der Zweck nicht erreicht wird, da liegt es in der Natur der Sache, daß damit auch ein vollgenügender Grund zur Ehescheidung gegeben ist.

Neben dem einen Zweck der Fortpflanzung spielen alle anderen Gründe zur Heirat eine geringe Rolle. Um Geldes willen heiratet der Japaner nicht; ebensowenig denn aus Liebe. Wohl bringt die Braut neben dem nötigen Hausrat in der Regel auch eine bestimmte Summe Geldes mit in ihr neues Heim; aber eine besondere Mitgift, etwa gar ihr entsprechendes Teil von dem elter-

lichen Vermögen erhält sie nicht, da der älteste Sohn als „Stamm=
halter" Haupterbe ist. Liebesheiraten sind verpönt. Daß zwei
junge Leute ein Liebesverhältnis eingehen mit dem Zweck, sich
zu verheiraten, das kennt man in Japan nicht; und wenn es ja
einmal vorkommt, so findet es scharfe Verurteilung. Die Be=
stimmung über die Kinder liegt in der Hand der Eltern und des
Familienrats. Die Hauptsache ist nicht, daß die beiden künftigen
Ehegatten, sondern daß die Familien zueinander passen.

Die Wahl einer passenden Familie ist darum eine sehr wichtige
Aufgabe. Dieselbe fällt, wie überhaupt die ganze Heirat, dem
Vermittler „Nakodo" anheim. Der Vermittler ist nicht etwa ein
gewerbsmäßiger Kuppler; vielmehr ist sein Amt eine freiwillige
Leistung, und es gilt als eine große Ehre und hervorragende
Vertrauensstellung, von einer Familie als Nakodo bestellt zu
werden. Prozente bezieht der Nakodo nicht; dagegen ist es Ehren=
sache, ihn nach Abschluß der Ehe reichlich zu beschenken. Wenn
ein Vater seine Tochter verheiraten möchte, so bittet er einen
gesellschaftlich auf gleicher Stufe stehenden Freund, das Amt des
Vermittlers zu übernehmen. Derselbe hält nun Ausschau, und
wenn er eine entsprechende Partie gefunden hat, so macht er
seinem Auftraggeber Mitteilung. Ist derselbe einverstanden, so
erfolgt die Anfrage bei dem Vater des jungen Mannes. Bis
jetzt wissen die beiden jungen Leute noch nicht, was hinter ihrem
Rücken vorgeht. Eines Tages macht man ihnen Mitteilung,
und da man eine Widerrede nicht erwartet, so zeigt man ihnen
zugleich an, daß an einem bestimmten Tage das „Miai", die
Begegnung, statthaben solle. Das ist oft die einzige Ge=
legenheit vor der Hochzeit, bei welcher Bräutigam und Braut
sich sehen. Es gibt drei Arten der Begegnung. In dem ersten
Falle macht der junge Mann einen Besuch im Hause seiner Zu=
künftigen. Bei dieser Gelegenheit serviert die Braut den Tee,
d. h. sie kommt durch eine Schiebetüre des Nebenzimmers, stellt
ein Täßchen Tee vor ihren zukünftigen Gatten, verbeugt sich tief
vor ihm und entfernt sich wieder durch die Schiebetüre. Das
Ganze dauert höchstens eine halbe Minute. Gesprochen wird nichts.
Etwas weniger aufregend ist die Begegnung auf der Brücke, die

zweite Art des „Miai". Zu verabredeter Zeit kommt man auf einer Brücke aneinander vorbei. Dabei hat man etwas mehr Gelegenheit, sich anzusehen; aber gesprochen wird auch hier nichts. Da ist die dritte Art des „Miai", die Begegnung in dem Theater, doch noch die ausgiebigste. Das japanische Theater dauert von früh morgens bis spät in die Nacht hinein. Zwischendrin wird gegessen und geplaudert, und Braut und Bräutigam haben wenigstens etwas Gelegenheit, sich kennen zu lernen. Freilich, wirklich befriedigend ist auch das nicht. Die Etikette gebietet strenge Zurückhaltung und die peinliche Vermeidung jeder Äußerung von Zärtlichkeit. Das Mädchen zumal hat sich möglichst schweigend zu verhalten und dem Jüngling ist unsere europäische Sitte des Kurmachens gänzlich unbekannt.

Nach dem „Miai" werden die jungen Leute befragt, ob sie gegen die Verheiratung etwas einzuwenden haben. Das ist aber nur in seltenen Fällen zu finden; denn in Japan ist man es nicht gewohnt, gegenüber den Eltern eine eigene Meinung zu haben.

Jetzt tauscht man gegenseitig Geschenke aus und der Tag der Hochzeit wird festgesetzt. Dabei ist man vorsichtig, ja nicht einen Unglückstag zu wählen, gerade wie häufig auch bei uns. An dem bestimmten Tage versammelt sich die Hochzeitsgesellschaft in einem Gasthause oder in der Wohnung des Bräutigams. Der Ehrenplatz des besten Zimmers ist mit glückverheißender Fichte, Bambus und Pflaumenblüte geschmückt. Davor nimmt das Brautpaar Platz. Unter feierlicher Stille kredenzt man ihm nacheinander drei Schälchen Saké, die es gemeinschaftlich trinkt zum Zeichen, daß sie Freud und Leid treulich miteinander teilen wollen. Damit sind sie Mann und Frau geworden. An einem der nächsten Tage macht man von der vollzogenen Trauung Mitteilung an die Bezirksbehörde, damit in die Register der neue Name der jungen Frau eingetragen werde, und alles ist nun in schönster Ordnung!

Doch nein! Nun beginnt eine böse Zeit. Wenn es bei uns schon nicht immer wahr ist, daß die Flitterwochen die schönsten sind, da in dem engen Nebeneinander die Charaktere der Neu= vermählten aufeinander stoßen, so ist das in Japan, wo es zuvor

an jeder Gelegenheit fehlte, sich aneinander abzuschleifen, noch
viel mehr der Fall. Zumal die Lage der jungen Frau, die sich
plötzlich in eine ganz fremde Umgebung versetzt sieht und ängstlich
bestrebt sein muß, ihrem Manne und — was noch schwerer ist
— ihren Schwiegereltern zu gefallen, ist keineswegs beneidens-
wert. Was Wunder, wenn sie bei ihrem ersten Besuch in ihrer
elterlichen Wohnung, welcher der Sitte gemäß am dritten oder
siebenten Tage stattfindet, oft nicht wieder oder doch nur schwer
zu bewegen ist, in das Haus ihres Mannes zurückzukehren! Was
Wunder auch, wenn bei einer so wenig individuellen Art der
Eheschließung sich das Zusammenleben häufig als unmöglich
erweist, so daß es schließlich zur Ehescheidung kommt!

Dazu haben Konfuzius und seine Nachtreter die Ehe=
scheidung gar zu leicht gemacht. Während sie der Frau ein
Recht, sich scheiden zu lassen, überhaupt nicht zugestehen, mag der
Mann ganz nach Belieben eine Trennung herbeiführen. Zwar
hat er nach den Gesetzen der Moral nur um sieben Ursachen
willen Gewalt, seine Frau zu entlassen, nämlich wegen Ungehor=
sams, Kinderlosigkeit, Ehebruchs, Eifersucht, Aussatzes und anderer
unheilbarer Krankheit, Klatscherei und Hanges zum Stehlen.
Aber das heißt ja doch nichts anderes, als das arme Weib auf
Gnade und Ungnade in die Hand des Gatten, und zwar des
gewissenlosen nicht minder als des wohlmeinenden, zu geben.
Dabei ist es denn nicht zu verwundern, wenn bis vor kurzem noch
stark ein Viertel aller Ehen der Trennung unterworfen war.
An und für sich ist das ein erschreckender Prozentsatz; aber es
ist zweifellos, daß sich das Verhältnis durch das neue bürger=
liche Gesetzbuch und unter der Einwirkung der Moral und Reli=
gion des Westens stetig bessern wird.

In der Praxis der Ehescheidung ist die Stellung von Mann
und Frau schon gegeben. Der Mann ist der alleinige Herr
des Hauses. Es ist der Patriarch, dessen Wort allein Geltung
hat, und der für sein Tun und Lassen niemand, seiner Frau erst
gar nicht, verantwortlich ist. In dem gut bürgerlichen japanischen
Hause gibt es nicht erst ein Wortgezänk, wenn der Mann irgend=
wohin will. Auch ein Gatte, der seine Frau lieb hat, spricht zu

ihr nicht in dem Ton und der Weise, wie der Europäer das tut, und von seiner Zuneigung legt er öffentlich nichts an den Tag. Er ist kurz angebunden, wie es einer Untergebenen gegenüber die Sitte erheischt. Derselbe Mann, welcher jeden Fremden mit ausgezeichneter Höflichkeit behandelt, hat für seine Frau kein bißchen Galanterie übrig. Auch der Gebildete spricht von seiner Gattin als von einer „dummen Frau" (gusai). Der Mann ist der Himmel, die Frau die Erde; der Mann ist die Sonne, die Frau aber soll ihre einzige Ehre in dem auf ihr ruhenden Abglanz der Sonne sehen, sie soll sich bescheiden mit dem stillen Schein des Mondes.

Demzufolge ist die Stellung der japanischen Frau entschieden eine niedrige. Gleichwohl darf man nicht etwa meinen, der japanische Ehemann sei gemeinhin ein brutaler Wüterich, dem es Vergnügen mache, seine tyrannischen Gelüste an seiner armen Frau auszulassen. Auch hier ist es wie überall: es gibt rohe und wohlmeinende Männer. Die fünfundzwanzig Frauen von hundert, deren Ehen geschieden werden, haben ja wohl von vornherein Nieten in der großen Lotterie des Glückes gezogen. Damit ist aber zugleich mit den unglücklichen Ehen stark aufgeräumt, und wenn die Bestimmungen des Konfuzius über Ehescheidung einen Vorzug haben, so ist es der, daß sie ein vortreffliches Sieb bilden. Unter den übrigen Ehen gibt es nicht weniger als bei uns, die als normal glückliche bezeichnet werden dürfen. Wenn auch Gatte und Gattin ohne Liebe in die Ehe treten, so ist doch das Wesen der Frau in der Regel derart, daß ihr Mann sie lieb gewinnt. Und wenn sie auch als erste Magd des Mannes ihren Platz vorzüglich in der Küche und in der Kinderstube hat, so weiß sie doch nicht selten ein Plätzchen im Herzen des Gatten zu finden. Nach meiner Kenntnis des japanischen Familienlebens ist es theoretisch richtig, aber praktisch meistens falsch, von der Japanerin schlechthin als von einer Sklavin zu reden. Niemals hat man in Japan die Frau so tief erniedrigt wie in den Ländern des Islam, und wenn man auch zwischen den beiden Geschlechtern die Schranken des Dekorums errichtet hat, so hat man sie doch niemals gegen die Außenwelt abgesperrt. Wohl ist es wahr:

als Mädchen hat sie dem Vater, als Gattin dem Manne, als Mutter und Witwe dem ältesten Sohne Gehorsam zu leisten. Aber ich habe den Eindruck gewonnen, als ob man im praktisch-ethischen Leben diesen Gehorsam nicht als sklavische Dienstbarkeit verstehen dürfe, sondern vielmehr als still sich bescheidende Zurückhaltung. Die Japanerin hat zugunsten ihres Vaters, ihres Mannes und ihres Sohnes darauf zu verzichten, sich selbst geltend zu machen. Das ist es, was der Mann von ihr verlangt.

Trotz dieser Milderung ist die Stellung der Frau aber doch nicht die, wie sie sich in einem Kulturstaat gebührt. Und wenn die Abendländerin heute ohne jeden geschichtlichen Übergang gezwungen würde, unter solchen Bedingungen in die Ehe zu treten, so wäre der baldige Zusammenbruch aller gesellschaftlichen Ordnung die notwendige Folge. Die Japanerin dagegen, wie sie jetzt ist, weiß sich in bewundernswerter Selbstverleugnung und Aufopferung darein zu finden und damit abzufinden, so daß der Stachel ihrer Abhängigkeit meist seine Bitterkeit verliert. Ihr Gehorsam ist in der Regel ein freudiger und kein gezwungener und sie würde sich selten unglücklich fühlen, wenn sie nicht auch ihrem Schwiegervater und besonders ihrer Schwiegermutter untertan sein müßte. Die junge Frau folgt immer ihrem Manne in dessen elterliches Haus, und das Zusammenleben mit den Schwiegereltern wird in unzähligen Fällen die Veranlassung der Ehescheidung.

Es ist etwas überaus Zartes, Sanftes und Bescheidenes in dem gewinnenden Wesen der Japanerin. Alles Sichvordrängen, alle unweibliche Energie ist ihr fremd. Männliche Emanzipationsgelüste liegen ihr, der man von früh auf die Ehe als einzigen und schönsten Beruf des Weibes hingestellt hat, völlig fern. Alles, was den Eindruck des sanften Frauencharakters stören könnte, ist durch die Erziehung sorgfältig ausgemerzt — freilich auf Kosten der Individualität. Ohne eine solche systematische Erziehung der Frau könnte von leidlich guten ehelichen Verhältnissen keine Rede sein. Es verlohnt sich wohl der Mühe, einen kurzen Auszug aus dem klassischen Werk für Frauenerziehung (Onna Daigaku) hier wiederzugeben. Da heißt es: „Köstlicher als ein schönes Gesicht ist für ein Weib ein tugendsames Herz.

Eines bösartigen Weibes Sinn ist immer aufgeregt; es schaut wild, läßt seinen Ärger an anderen aus, ihre Worte sind leisend und ihr Ton ist roh. Wenn es spricht, setzt es sich über andere, hechelt sie durch, bläht sich im Hochmut auf, spottet über Abwesende und macht sie aus. All das ist nicht in Übereinstimmung mit dem, was sich einer Frau geziemt. Die einzigen Eigenschaften, welche ihr gut anstehen, sind Sanftmut, Gehorsam, Keuschheit, Milde und Ruhe. In China nennt man die Heirat Rückkehr; denn eine Frau muß ihres Mannes Haus als ihre wahre Heimat betrachten, und wenn sie heiratet, so ist das eine Rückkehr dahin, wo sie in Wahrheit zuhause ist. Wie ärmlich auch immer des Gatten Haushalt ist, sie soll ihn nie darüber zur Rede stellen. Ihre einzige große lebenslängliche Pflicht ist Gehorsam. Wenn ihr Gatte ungehörig oder schlecht handelt, so soll sie mit ruhigem Gesicht vor ihn hintreten und mit sanfter und freundlicher Stimme ihm Vorhaltungen machen. Wenn er ärgerlich wird und auf die Mahnungen nicht hören will, soll sie eine Zeitlang warten, um erst dann wieder die Sache zur Sprache zu bringen, wenn sich sein Herz beruhigt hat. Niemals trete die Frau mit scharfen Zügen und schneidender Stimme gegen den Gatten auf. Eine Frau sollte immer auf den Beinen sein und streng auf ihr eigenes Betragen achthaben. Morgens muß sie früh aufstehen und abends spät zu Bette gehen; unter Mittag soll sie nicht ruhen. Nimmer soll sie müde werden, zu weben, zu spinnen und zu nähen. Sie soll nicht viel Saké trinken, und zu Tempeln und anderen Orten, wo große Massen zusammenkommen, soll sie nur selten gehen, bis sie vierzig Jahre alt geworden ist. In ihrer Eigenschaft als Gattin muß sie ihres Mannes Haushalt in guter Ordnung halten. Unnötige Ausgaben meide sie und mit Bezug auf Speise und Kleidung halte sie es so, wie es mit der gesellschaftlichen Stellung ihres Gatten im Einklang steht. Luxus und protzenhaftes Wesen soll sie streng vermeiden. Stets soll sie der Schranken zwischen den beiden Geschlechtern eingedenk sein und unter keinen Umständen soll sie mit einem jungen Mann in Korrespondenz treten. Mit ihrem Können und Wissen sowohl als in der Farbe und dem Muster ihres Kleides soll sie bescheidene

Zurückhaltung üben. Es ist nicht recht von ihr, sich auffällig zu machen, damit andere sie bemerken sollen. Nur das sollte sie tun, was sich ziemt. Die fünf schlimmsten Krankheiten, an denen der weibliche Sinn leidet, sind: Ungelehrigkeit, Unzufriedenheit, Klatschsucht, Eifersucht und Einfältigkeit. Die schlimmste von allen und die Mutter der vier anderen ist die Einfältigkeit. Eine Frau sollte sie heilen durch Selbstprüfung und strafende Selbsterkenntnis."

Es gibt Vorschriften, welche nur dazu gegeben zu sein scheinen, um übertreten zu werden. Bei diesen aber ist es anders. Genau nach diesen Lehren wurde das japanische Mädchen erzogen. Was hier als das Ideal einer japanischen Frau aufgestellt wird, ist in der Japanerin Wirklichkeit geworden. Eine solche Persönlichkeit konnte nicht durch eine intellektuelle, sondern nur durch eine ästhetische Erziehung geschaffen werden. Diese ästhetische Erziehung hat es fertig gebracht, um die Person der Japanerin eine vollkommene Harmonie zu weben und der vollendeten Hausfrau Martha noch etwas von dem Duft der Maria zu geben.

Wer könnte blind sein gegen die Mängel einer solchen Frau? Liegt es doch auf der Hand, daß unter diesen Umständen ihr Gesichtskreis gar zu sehr beschränkt und ihre Interessen allzusehr eingeengt werden. Muß es doch völlig klar sein, daß bei einer solchen Abhängigkeit von dem Gatten die eigene Initiative bis zur vollständigen Passivität zusammenschrumpft, ja daß schließlich die Frau sich auch die Mühe des selbständigen Nachdenkens erspart und das Verständnis für alle höheren und schwierigen Fragen und das Streben nach den höchsten Idealen des Lebens verlieren muß. Und auch das ist unvermeidlich, daß bei einer schablonenhaften Erziehung, dabei man alles über einen Leisten schlägt, der Japanerin etwas Puppen- und Automatenhaftes anklebt auf Kosten der Individualität.

Ich habe einmal in einer christlichen Ethik gelesen, daß die natürliche Tugend des Mannes der Mut, die natürliche Tugend der Frau die Sanftmut sei. Wenn man nach Japan urteilen darf, so ist das eine unzweifelhafte Wahrheit. Wenn aber die Bibel sagt: „Die Sanftmütigen werden das Erdreich besitzen," so ist auch dieses in vielen japanischen Häusern, wo die Frau gerade durch ihre bezwingende Sanftmut sich die ihr gebührende Stellung als der gute Geist des Hauses erobert hat, schöne Wahrheit geworden. Ja, ihre Stellung mag unter Umständen noch eine ganz andere werden. Ein Sprichwort sagt:

> „Wenn im Haus die Henne kräht,
> Bald das Haus in Trümmer geht."

Und so bezeichnend dieses Sprichwort ist für die stille Zurückhaltung, deren sich die Frau befleißigen soll, so deutet es doch zugleich an, daß es vereinzelte Fälle geben mag, wo der Pantoffel eine Rolle spielt.

Wer ein wahrheitsgetreues Bild des japanischen Familien- und Frauenlebens malen will, sieht sich wohl oder übel genötigt, auch zu düsteren Farben zu greifen. Es gibt wohl wenige Europäer, welche nicht erstaunt sind, in einem Kulturvolk wie die Japaner so viel Nacktheit einzelner Körperteile und des ganzen Körpers zu finden, im Gegensatz zu den Chinesen, welche stets anständig gekleidet sind. Ich habe nicht wenig Reisende getroffen, welche darüber in moralische Entrüstung ausbrachen. Sie hätten sich nicht so zu ereifern brauchen. Für den Japaner ist das harmlos. In seinem Kopf steigen dabei keine sündhaften Bilder auf, wie in manches Abendländers verdorbener Phantasie. Für den sinnlichen Reiz der Nacktheit sind die Augen dieser Naturkinder noch nicht aufgetan. Aber leider entspricht der ästhetischen Lichtseite des Naturkindes immer auch eine ethische Schattenseite. Der Japaner gibt seinen natürlich sinnlichen Trieben allzusehr nach. Tatsächlich sind in Japan der Unsittlichkeit im engeren Sinne des Wortes Tür und Tor noch mehr geöffnet als im christlichen Europa. Das Prostitutionswesen ist ungemein ausgedehnt. In Tokio ist ein ganz großer Stadtteil, und zwar bezeichnenderweise der schönsten einer, dem Dienst der Unzucht gewidmet. Und wie hier, so ist es in allen Städten des Landes. Selbst in einer kleinen Stadt von nur fünftausend Einwohnern habe ich nebeneinander drei Häuser der Unzucht gesehen. Ein guter Teil der Teehausmädchen sind nichts weiter als Freudenmädchen, und die Tugend der Sängerinnen und Tänzerinnen (Geisha) ist keineswegs die beste. Das alles ist wahr.

Aber zum richtigen Verständnis ist es notwendig zu wissen, daß die Japaner in diesem einen Punkt ein Naturvolk geblieben sind; und dieser Umstand macht das unsittliche Treiben in Japan weniger sündhaft als in christlichen Landen. Selbst feinfühlige Naturen empfinden die Unzucht nicht in dem Sinne als schlecht, wie der Christ das tut. Es ist eine gewisse Naivität, wie sie ästhetisch veranlagten Menschen manchmal eigen ist, die ihre Beurteilung derartiger Dinge bestimmt. Das Bewußtsein des Unerlaubten ist äußerst schwach, auch in gebildeten und gut bürgerlichen Kreisen. Freilich ihre Töchter würden bürgerliche Familien niemals dazu hergeben. Das bürgerliche Mädchen wird ängstlich gehütet und seine fleckenlose Reinheit steht, für die Klasse nicht allein, sondern für das einzelne Individuum, über jeden Zweifel erhaben. Es sind vielmehr die untersten und ärmsten Schichten der Bevölkerung, aus welchen sich das große Heer der Freudenmädchen zusammensetzt. Hier empfinden es die Eltern selten als Unrecht, ihre Töchter zu diesem Gewerbe zu bestimmen, noch sieht man die Mädchen besonders darum an. Schriftsteller, welche diesen Punkt des japanischen Lebens besonders ausführlich behandelt haben, behaupten, daß die Mädchen innerlich nicht so verdorben seien, wie ihre europäischen Genossinnen, daß ihr Gewerbe dort nicht so sehr die Ertötung der ganzen moralischen Persönlichkeit zur Folge habe wie bei uns. Und in der Tat, sobald sie in die Ehe treten, was ihnen bei der naiven Beurteilung ihres Standes nicht schwer fällt, kann sich der Mann auf die Treue seiner Gattin verlassen: dann kennt sie kein höheres Ziel, als allen Pflichten ihrer neuen Stellung als ehrliche Frau voll und ganz zu genügen. Ehebruch von Seite der Frau ist ein Ehescheidungsgrund. Aber so selbstverständlich es im Grundsatz ist, daß der Mann auch in der Ehe freie Hand behält, so ist doch der Ehebruch der Frau eine äußerst seltene Erscheinung. Zu jedem japanischen Roman gehört ein Freudenhaus, aber die modernen französischen Ehebruchsromane würden sich in Japan aus Mangel an Untergrund nicht schreiben lassen. Vor der Türe des japanischen Hauses macht die Unsittlichkeit Halt, und die Luft, in welcher die Kinder des Hauses aufwachsen, ist rein und lauter.

Kinder hat jedes Haus. Wem eigene Nachkommenschaft versagt blieb, adoptiert ein Kind. Die Adoption ist überaus gebräuchlich. Ist sie doch das letzte Mittel, um eine Familie vor dem gefürchtetsten aller Schicksale, vor dem Aussterben, zu bewahren. Das adoptierte Kind ist immer männlichen Geschlechtes. Denn in jedem Hause muß ein Stammhalter sein. Wo er fehlt, wo einer Familie nur Töchter geboren wurden, wird einer aufgenommen unter der Bedingung, daß er die Tochter des Hauses oder eine der Töchter heiratet. In solchem Falle gelten die Kinder oft schon von Kindesbeinen an als verlobt. Wo der Stammhalter eine solche Rolle spielt, ist die Freude, welche die Geburt eines Sohnes hervorruft, wohl begreiflich. Daß man sich dagegen bei der Geburt eines Mädchens in seinen frohen Gefühlen zurückhaltender zeigt, liegt bei diesem Familiensystem in der Natur der Sache. Wozu soll sich die Familie freuen über ein Menschenkind, welches doch einmal aus der Familie hinausheiratet und darum für dieselbe wertlos ist? Gleichwohl muß es den Eltern zum Lobe nachgesagt werden, daß auch die Behandlung dieser Menschen zweiter Ordnung eine liebevolle und zärtliche ist. Zwar weist die Etikette den Söhnen, vorab dem ältesten, eine bevorzugte Rangstellung im Hause zu, aber das kleine Mädchen weiß sich oft genug zu Vaters Liebling zu machen. Ich kenne viele Europäer, die für die Japaner wenig übrig haben, ich kenne keine Abendländer, die nicht bezaubert wären von Japans Kindern. Es ist die sonnige Natur des Landes, die in ihnen Leben gewinnt. Die Mädchen heißen mit Namen „Blume, Aster, Frühling, Fichte, Schnee, Bambus 2c." und sie entsprechen diesen Namen vollkommen. Heiterkeit und Frohsinn lachen einem entgegen aus den Kinderaugen, die Knaben sind frank und frei in dem Ausdruck ihrer intelligenten Gesichtszüge, an den Mädchen aber ist alles Anstand, Grazie und sanfte Anmut.

Japan ist das Paradies der Kinder. Selten, um nicht zu sagen nie, erhalten die Kinder Schläge. Und doch ist die Un=

gezogenheit dort keine größere, ja mich will es bedünken, als sei sie geringer als bei uns. Als wirksameres Erziehungsmittel denn die Rute betrachtet man die Einwirkung auf des Kindes Herz.

Schon mit der Muttermilch saugt das Kind die eine große Lehre des Konfuzius ein, welche sich in ihrer Fassung merkwürdig mit dem Mosesgebot berührt: „Du sollst deinen Vater und deine Mutter ehren!" Auch das „ko" (gewöhnlicher „koko") des Konfuzius ist nicht eine Liebe, dabei das Kind sich auf gleiche Stufe mit seinen Eltern erhoben weiß, um darnach vielleicht frech den Eltern über den Kopf zu wachsen; es ist vielmehr mit der Liebe, besonders dem Vater gegenüber, ein gut Stück Ehrfurcht und daher auch Furcht verbunden. Die Übertragung von „koko" mit „kindlicher Pietät" (filial piety) dürfte daher der Sache vollkommen entsprechen. Der Geist der Liebe wird infolgedessen sofort auch zu einem Geist der Zucht, der das Kind vom unrechten Weg abhält und es zum Guten leitet. Es ist der instinktive Trieb, den Eltern zu gefallen und ihnen allen Schmerz zu ersparen, was die Kinder gut sein läßt. Die in der Liebe gewurzelte Scheu vor den Eltern ist sowohl die theoretische Grundlage des ethischen Systems als auch die praktische Richtschnur des sittlichen Handelns, in demselben Sinn, wie es in der Ethik des Christentums die in der Liebe zu Gott gewurzelte Gottesfurcht ist. Es sind keine ewigen und unwandelbaren Gesetze, wie die zehn Gebote oder die Sittenlehre der Bergpredigt, vielmehr sind es Einzelmahnungen im Anschluß an Einzelfälle. Und wenn in diesem kasualen Charakter die absolute Unzulänglichkeit des ganzen Systems gegeben ist, so liegt doch hier auch seine Stärke; denn derartige Gebote sind immer lebendig und persönlich. Das Wort des Vaters ist wie ein religiöses Gebot.

Je mehr nun die kindliche Pietät ausgebildet ist, desto fruchtbarer ist der Boden, auf welchen die Mahnungen des Vaters fallen, desto größer die Wahrscheinlichkeit einer guten Erziehung. Die Pietät muß darum mit allen Mitteln gefördert werden, nicht nur durch praktische Übung, sondern auch durch theoretische Anerziehung. In der Tat wird biblische Geschichte, Katechismus und

Pfalter dem japanischen Kinde durch ein Buch ersetzt, welches nur die Pietät zum Gegenstand hat. Dasselbe ist wie das ganze System chinesischen Ursprungs und enthält 24 Erzählungen von kindlicher Pietät, welche so charakteristisch sind, daß wir uns nicht versagen können, einige derselben im Auszug hier wiederzugeben.

Eine Mutter lag schwerkrank darnieder. Da sprach sie zu ihrem Sohne: „Gehe in den Bambushain und hole mir Bambussprossen und koche mir eine Suppe davon; denn nur so kann ich wieder gesund werden." Als derselbe das hörte, erschrak er sehr und der Atem stand ihm still. Denn es war Winter und der Schnee lag fußhoch, und da die Bambussprossen erst von der warmen Frühlingssonne aus dem Boden gelockt werden, so war keine Hoffnung vorhanden, den Wunsch der Mutter zu erfüllen. Trotzdem machte er sich als gehorsamer Sohn sogleich auf den Weg und ging in den Hain. Dort schlang er seine Arme um die Bambusstauden und weinte bitterlich. Aber siehe, die Natur hatte Mitleid mit seinem Schmerz; langsam öffnete sich der Boden und heraus kamen die zartesten Bambussprossen (welche in China wie in Japan eine sehr beliebte in Aussehen und Geschmack unsern Schwarzwurzeln ähnliche Speise bilden). Der Sohn kochte von denselben eine Suppe und seine Mutter wurde wieder gesund.

Ähnlich klingt die Geschichte von dem kleinen Knaben, der eine böse, grausame Stiefmutter hatte, von welcher er mehr Schläge als Hirse bekam. Er aber ließ sich durch nichts irre machen streng an dem Gebot zu halten: „Du sollst deine Mutter ehren!" Nun hatte die Frau eine besondere Vorliebe für Fisch. Eines Tages überkam sie auch einmal wieder die Lust, Fisch zu essen. Es war aber Winter, und das Wasser des Teiches war hart gefroren. Gleichwohl nahm der Knabe die Art auf den Rücken und ging an den Teich. Aber wie er auch mit der Art zuhieb, er brachte das Eis nicht durch. Wie er nun verzweiflungsvoll dastand, kam ihm plötzlich ein erleuchtender Gedanke. Er zog seine Kleider aus und legte sich nackt auf das Eis hin, um dieses durch die Wärme seines Körpers zu erweichen. Da durch=

strömte ihn plötzlich eine starke Glut, das Eis zerschmolz und es entstand ein Loch. Alsbald erschienen an dem Loch zwei prächtige Karpfen, um Atem zu schöpfen. Die ergriff der Knabe und brachte sie nach Hause.

Eine andere Geschichte erzählt von einem Manne, welcher in sehr ärmlichen Verhältnissen lebte. Er hatte einen alten Vater und einen jungen Sohn und beide hatte er sehr lieb. Er hätte sich glücklich preisen dürfen, wenn nicht trotz aller fleißigen Arbeit Schmalhans beständig Küchenmeister bei ihm gewesen wäre. Hungrig setzte man sich zum Essen und hungrig stand man wieder auf. Darüber grämte sich der arme Mann gar sehr, und um seines alten Vaters willen machte er sich nicht wenig Gewissensskrupel. „Sieh," so dachte er, „wenn ich mit meinem Vater allein wäre, könnte ich meiner Kindespflicht ihm gegenüber genügen. Ich will mich daran machen und meinen lieben Sohn lebendig begraben." Mit großen Schmerzen ging er an die traurige Arbeit. Er grub ein Loch, darin das Kind begraben werden sollte; aber o Wunder! plötzlich stieß er auf etwas Hartes, und da er es herauszog, war es ein Gefäß voll von Goldstücken. Nun war die Tugend des pietätvollen Sohnes reichlich belohnt; aus dem armen Mann war ein reicher geworden, und alle Not hatte ein Ende.

Der drolligste in der Gesellschaft der vierundzwanzig Tugendhelden ist unzweifelhaft Roraischi. Roraischi war ein gutes Kind von siebenzig Jahren. Seine hochbetagten Eltern aber waren noch am Leben und mehr als neunzig Lebensjahre hatten sie gesehen. Roraischi hatte nur eine Sorge: seine Eltern möchten, ihres hohen Alters bewußt, traurig werden und sich wegen des nahenden Todes grämen. Um ihnen diesen Kummer zu benehmen und sie über ihr Alter hinwegzutäuschen, zog Roraischi Kinderkleider an und gleich einem Baby spielte er auf dem Fußboden. Da das seine Eltern sahen, verflogen die Grillen und Sorgen des Alters; sie lächelten sich glückselig an und freuten sich in dem Gedanken, daß sie als glückliche Besitzer eines so kindlichen Sohnes immerhin noch nicht so alt sein könnten.

„Nun, da hat man ja in Japan köstlichen Stoff zum Lachen,"

denkt wohl der europäische Leser. Durchaus nicht. Die kleinen Japaner hören diese Geschichten, die natürlich noch schön eingekleidet und aufgeputzt sind, mit dem größten Ernst, und das Volk liest sie mit der größten Andacht, so wie man bei uns die Geschichten der Heiligen Schrift liest. In manchem Herzen reift dabei in heiliger Begeisterung der feste Entschluß: „Solch ein gutes Kind will ich auch werden."

Am bezeichnendsten von allen oben erzählten Geschichten ist wohl die dritte. Diese erinnert sehr stark an die Opferung des Isaak. Da ist tatsächlich nur ein ethischer Unterschied: während Isaak um Gottes willen geopfert werden sollte, soll hier dasselbe um des Vaters willen geschehen. Was Juden und Christen Gott ist, sind dem Japaner die Eltern. Ihm gilt als unbedingtes Gebot: „Du sollst keine andern Götter neben ihnen haben." Die Eltern stehen über der Gattin. Selbst mit dem Tode hat die Pietät gegen sie ihr Ende nicht erreicht; ungebrochen dauert sie über das Grab hinaus. Die Trauerzeit wird mit großer Pünktlichkeit eingehalten, an vorgeschriebenen Tagen wird das Grab des Verstorbenen besucht und sorgfältig bringt man den Geistern der Abgeschiedenen die gebührenden Opfer dar. Das Sprichwort: „Über dem Grabe wächst bald Gras", hat in Japan keine Stätte.

Für die Eltern muß jedes Opfer freudig gebracht werden. Um die Eltern in der Not zu unterstützen, hat schon manches Mädchen das Haus heimlich verlassen und sich in ein Freudenhaus verkauft; und die japanische Art der Romantik preist diese pietätvollen Töchter als Muster der Tugendhaftigkeit. Einer meiner Studenten erzählte mir, daß sein ältester Bruder in einer Schlacht gegen den großen Saigo schwer verwundet worden ist. Seine Wunden waren zwar nicht tödlich, aber er mußte zeitlebens ein arbeitsunfähiger Krüppel bleiben. Diesen Kummer mußte er seinen Eltern unter allen Umständen ersparen. Er beschloß, Selbstmord zu begehen. Auf dieser Erde taugte er ja doch zu nichts mehr, und die christliche Lehre, daß die Menschenseele einen unendlichen Wert in sich selbst habe, war ihm nicht bekannt. Aus dem Buddhismus wußte er eher das Gegenteil. So schlitzte er sich kurzer Hand den Bauch auf.

10. Haus und Sitte;

Im deutschen Volksmund heißt es: „Eher ernährt ein Vater sieben Kinder, als sieben Kinder einen Vater." Das ließe sich den Japanern nicht nachsagen. Es kommt gar nicht darauf an, in welcher Weise die Eltern an den Kindern ihre Pflichten erfüllt oder versäumt haben. Es mag ein Mann ein Trunkenbold oder liederlicher Müßiggänger gewesen sein, der die Seinen darben ließ: wenn seine Kinder herangewachsen sind, so versteht es sich ganz von selbst, daß sie durch ihrer Hände Arbeit ihren Vater unterhalten. Der Japaner pflegt sich früh zum Feierabend zurückzuziehen. Er mißt das Leben kürzer als wir. Mit fünfzig Jahren beginnt das Greisenalter. Wohl wird die Zukunft bei dem Wachsen der Ansprüche und Lebensbedürfnisse eine radikale Änderung bringen und den Beginn der Ruhejahre bedeutend hinausschieben; aber bislang pflegten sich die Eltern mit fünfzig Jahren zurückzuziehen, den Jungen die Sorgen des Regiments zu übertragen und sich von ihnen ernähren zu lassen. Ob sie Vermögen haben oder nicht oder vielleicht gar noch Schulden; ob sie noch kräftig genug sind, zu arbeiten und sich selbst durchzubringen, das ist ganz gleichgültig. Das Los des „Go-Inkyosama" ist aber auch gar zu verlockend. Man führt ein Leben in beschaulicher Muße und überläßt die Sorgen den andern. Auch die Frau sieht dann noch behagliche Tage, die schönsten ihres Lebens. Von den Ihrigen werden die alten Leute auf den Händen getragen und bei jedermann sind sie geehrt und geachtet. Denn hier hat das Gebot noch unbedingte Kraft: „Vor einem grauen Haupte sollst du aufstehen und die Alten ehren!"

Es sind aber nicht die Eltern allein, welche man zu unterstützen gewohnt ist. Bei dem ausgeprägten Familiensinn nimmt man warmen Anteil an dem Wohl und Wehe aller Familienglieder. Insbesondere ist der älteste Sohn nicht umsonst auch der alleinige Erbe. Im Falle ein Glied der Familie in Not gerät, hat er die Pflicht, ihm unter die Arme zu greifen. Es wäre eine Schande für die ganze Familie, falls ein Angehöriger derselben als Bettler auf der Straße umherliefe. Solange die Familie noch etwas hat, hat auch das einzelne Glied noch etwas. Es wäre nicht ganz unrichtig, von einem Familienkommunismus zu reden.

Wer könnte seine Augen gegen diese schönen Züge verschließen? Die Familie, welche Konfuzius gestaltet hat, ist in einzelnen Zügen geradezu mustergültig; aber Charaktere für das Leben in dem ganzen großen Reichtum seiner Erscheinungen hat er nicht zu schaffen verstanden. Ist es doch eine auffallende Tatsache, daß dieselben Japaner als Knaben jedermann sympathisch, als Männer aber vielen unsympathisch sind! Ist es doch gar nicht zu leugnen, daß die heutige Jugend, welche das beste versprach, solange sie im Elternhause war, verroht, wenn sie losgelöst von der Familie in das Leben hineingestellt wird. In der Familie ruhen die starken Wurzeln ihrer Kraft. Aber der Schatz, welchen sie im Elternhause gesammelt, reicht wohl aus für den friedlichen Kreis der Familie, versagt aber in dem brausenden Meer des Lebens. Die Grundlage des Systems erweist sich als viel zu eng. Die Gemeinschaft des Blutes und die Blutsverwandtschaft läßt sich über die Nation hinaus nicht ausdehnen; ein Band, das die ganze Menschheit umschlingt, läßt sich auf diese Weise nicht schaffen, und die Menschlichkeit, die Humanität im höchsten Sinn des Wortes hat in solcher Ethik keinen Platz, so human diese Ethik auch auf den ersten Blick erscheinen mag. Der Konfuzianismus ist ein System für patriarchalische Zustände, wie sie in der Zeit des Feudalismus in Japan herrschten. Mit dem Tage aber, an welchem sich das patriarchalische System überlebt hat, an welchem Japan aus der patriarchalischen Enge der Familie, der Clans und der Nation in den Weltverkehr eingetreten ist, hat sich auch der Konfuzianismus überlebt. Der Boden, auf welchem er steht, ist jetzt schon durch und durch unterwühlt. Und wenn die Zeichen der Zeit nicht trügen, so wird das meiste von dem, was hier geschildert wurde, in wenigen Jahrzehnten nur noch als kulturgeschichtliche Studie von Interesse sein.

II. Das Vaterland; Großjapan und der Panmongolismus.

Trotzdem die Japaner ihrer Abstammung nach ein Misch=
volk sind, bilden sie doch eine im höchsten Sinn des Wortes
einheitliche Nation, einheitlicher als irgend ein anderes Volk,
und mit ihrem Land sind sie in zwei Jahrtausenden so voll=
ständig verwachsen, daß sie ein hundertfaches Recht darauf haben,
es Vaterland zu nennen. Und es bedeutet etwas im japanischen
Mund, das Wort honkoku d. i. Vaterland; nein es bedeutet
nicht etwas, es bedeutet alles. Das Vaterland und die Vater=
landsliebe ist die allein beherrschende Idee, ist das große
Ideal, welches sich das Volk durch alle Umwälzungen hindurch
immer wieder als höchstes und vielleicht einziges gerettet hat.
Die Japaner gehören allzumal zusammen. Ganz Japan ist wie
eine einzige Familie und manchmal wollte es mich bedünken,
als seien sie alle miteinander verwandt. Auf den Einzelnen
kommt es dabei nicht an, wenn nur das Ganze besteht und groß
und mächtig ist. Nicht nur der Partikularismus, sondern auch
der Individualismus hat in Japan keine Stätte.

Das Japanertum, welches in der Person des Kaisers sicht=
bare Gestalt gewinnt, steht in dem Mittelpunkte des Lebens.
Der Patriotismus ist Krone und Grund aller öffentlichen Tugen=
den. Was Wunder, wenn in einer Zeit, wo die alten Stützen
der Moral in das Wanken geraten sind, allen Ernstes der Vor=
schlag gemacht wird, die ganze Moral auf die Idee des Japaner=
tums aufzubauen. Der einzige Zweck der Nationalreligion
Shintoismus ist die Pflege des vaterländischen Sinnes. Um
des Vaterlandes willen muß Gut und Blut freudig geopfert
werden. Das Beispiel, welches der Kaiser auf den Rat seiner
Minister vor einigen Jahren gab, indem er die von dem Parla=
ment zum Bau von Kriegsschiffen verweigerten Mittel dadurch
beschaffte, daß er bis zur Deckung der Kosten ein Zehntel sämt=
licher Beamtengehälter, von seiner eigenen Zivilliste beginnend,
bis hinab zu den Polizeidienern, abziehen ließ, dürfte in der
Geschichte der Neuzeit einzig dastehen. Japan ist kein reiches

Land, aber die Mittel zum chinesischen Krieg wurden einstimmig bewilligt und bei dem gegenwärtigen Konflikt mit Rußland hat die Opferwilligkeit schon mehrfach von sich reden machen. Wenn es dem Parlamente je einfallen sollte, Gelder zur Verstärkung des Heeres oder der Flotte zu verweigern, so würde das Volk einmütig dagegen aufstehen. Um des Vaterlandes willen ist jedes Mittel erlaubt. Was das Vaterland groß macht, ist recht. Wäre der chinesische und jetzt der russische Krieg ganz und gar an den Haaren herbeigezogen worden, das Volk, von den Buddhisten bis zu den Christen, hätte ihn doch für einen gerechten erklärt. Wo das Vaterland in das Spiel kommt, hört jedes Gerechtigkeitsgefühl und jede Selbsterkenntnis auf. Spionage und Verrat, Gift und Dolch, Raub und Mord werden in seinem Dienst geheiligt. Macchiavellis Grundsätze, wie er sie in seinem jesuitenwürdigen Buche „El Principe" entwickelt hat, sind hier zur Tat geworden. Im Jahre 1889 wurde der damalige Unterrichtsminister Mori, der starke ausländische Sympathieen hatte und unter anderm den allerdings etwas verrückten Vorschlag gemacht hatte, die schwere japanische Sprache durch die englische Weltsprache zu ersetzen, von einem fanatischen Patrioten ermordet. Mori hatte beim Betreten des berühmten Shintotempels Daijingu in der Provinz Ise die Mahnung nicht beachtet: „Ziehe deine Schuhe aus; denn der Ort, darauf du stehst, ist heiliges Land," und im Innern des Tempels hatte er mit seinem Spazierstock den Vorhang vor dem Allerheiligsten zurückgeschlagen. Das war in den Augen des Volkes eine Mißachtung der geheiligten vaterländischen Sitte, die nach der Empfindung patriotischer Eiferer nur durch Blut gesühnt werden konnte. Um nicht in die Hände der Polizei zu fallen, entleibte sich der Mörder unmittelbar nach seiner Tat. Das Grab Moris, der trotz einiger Schrullen einer der verdienstvollsten japanischen Staatsmänner war, lag vom ersten Tage an verlassen. Zu der Ruhestätte des Mörders aber wallfahrteten jährlich Tausende guter Japaner, bedeckten das Grab mit Blumen, zündeten Weihrauchkerzen an, schmückten es mit Preisgedichten und fühlten sich glücklich, ein paar Krumen geweihter Erde von demselben mit nach Hause zu nehmen. Der

Fanatiker des Japanertums ist zum Märtyrer des Japanertums, zum Nationalheiligen geworden.

Die Liebe zum Vaterland wird zur krankhaften Schwärmerei, ja geradezu zur Verrücktheit. Im japanisch=chinesischen Krieg kam es manchmal vor, daß der oder jener sich entleibte, weil es ihm nicht vergönnt war am Kampfe teilzunehmen. Sie be= trachteten das als Schande, die sie nicht überleben wollten. Im Jahre 1891 beging ein auf Yezo stationierter Offizier im An= gesichte der Gräber seiner Ahnen in Tokio Harakiri. Er hinterließ einen Brief, in welchem er die Gründe seiner Tat auseinander= setzte, und ordnete an, daß derselbe an alle Zeitungen zur Ver= öffentlichung geschickt werden sollte. Diesem Brief zufolge hatte der Offizier mehr denn ein Jahrzehnt darüber gebrütet, daß Rußland über kurz oder lang von Norden her einfallen und Japan in große Gefahr bringen werde. Da er sich aber sagte, daß alle Warnungen von ihm, dem Lebenden, überhört werden würden, so beschloß er, sich zu töten, da aus dem Grabe heraus seine Stimme ernster und eindringlicher an die Herzen seiner Landsleute bringen werde.

Der Japaner ist geneigt nicht nur zum politischen Chau= vinismus, sondern zum **politischen Fanatismus**. Politische Attentate sind daher keine Seltenheit. Als solche müssen auch die Mordanfälle auf den chinesischen Friedensgesandten Li Hung Chang im März 1895 und auf den damaligen russischen Thron= folger und jetzigen Zaren Nikolaus im Frühjahr 1891 bezeichnet werden. Es ist mir noch in lebhafter Erinnerung, wie ich eines Vormittags von der Schule nach Hause kam und in meinem Vor= zimmer mehrere junge japanische Freunde fand, die bleich und aufgeregt mich erwartet hatten. Vor ihnen lag ein Extrablatt, und ehe ich sie nur fragen konnte, was denn geschehen sei, teilten sie mir in furchtbarer Erregtheit mit, der russische Thron= folger, der Gast des Kaisers, sei bei Otsu auf einer Spazierfahrt von Kyoto nach dem Biwasee verwundet worden. „Ein Ver= rückter hat's getan," schrieen die Zeitungen, „ein Verrückter hat's getan," sagte auch ich zu einem deutschen Freund, den ich am Nachmittag traf. Und was erhielt ich von diesem zur Antwort?

Großjapan und der Panmongolismus.

„Ich habe heute Mittag mit meinem Koch über die Sache geredet," sagte er, „derselbe meinte: einen russischen Spion zu töten, der gekommen sei, das Land auszukundschaften, sei nicht mehr als recht; er hätte es gerade so gemacht." Später überzeugte ich mich davon, daß Tausende im Lande so dachten, und Tausende sahen in dem irregeleiteten Polizisten, der nachher zu lebenslänglicher Zwangsarbeit verurteilt wurde, unterdessen aber gestorben sein soll, einen verehrungswürdigen nationalen Märtyrer. Die Tat hatte nichts zu tun mit Geschichten zum Teil recht abenteuerlicher Natur, welche die geschäftige Fama verbreitete; sie war aus politischem Fanatismus entsprungen. Und dasselbe gilt von dem Mordversuch auf Li Hung Chang.

Die Hauptschuld an derartigen Zusammenstellungen trägt die Presse. Das Zeitungswesen ist noch sehr neuen Datums. Die erste Zeitung wurde im Jahr 1872 von einem Engländer in Tokio herausgegeben. Heute aber sind es wohl gegen Tausend Zeitungen, Zeitschriften und andere Publikationen dieser Art, welche in Japan veröffentlicht und von dem leselustigen und neuigkeitssüchtigen Volk gierig verschlungen werden. Aus den Kinderschuhen ist also die Presse rasch herausgewachsen; dagegen darf man dreist behaupten, daß sie noch tief in ihren Flegeljahren steckt, und man kann es der Regierung nicht verdenken, wenn sie von ihrem Recht der Zensur jederzeit reichlich Gebrauch gemacht hat; manchmal allerdings erst, wenn es zu spät war. Einen wesentlichen Bestandteil ihrer Aufgabe erblickt die Presse darin, den patriotischen Fanatismus zum lodernden Feuer zu entfachen. Die Parole, welche bei Gelegenheit der Verkündigung der Konstitution im Jahre 1889 in das Volk geworfen wurde, und welche wohl für lange Zeit nicht wieder zur Ruhe kommen wird: „Japan für die Japaner", hat durch die Presse eifrige Förderung gefunden und eine das ganze Volk tief durchdringende Bedeutung gewonnen.

Die Presse hat einen ungeheuren Einfluß und sie trägt das Ihre dazu bei, die Politik in Japan heimisch zu machen und heimisch zu erhalten. Die Politik spielt dort eine ähnlich zentrale Rolle wie im alten Griechenland, und der weise Plato müßte an einem Volke wie die Japaner seine helle Freude haben. Wenn irgendwo in einem modernen Staat, so wäre hier das rechte Versuchsfeld für ihn. Um der Politik willen verlassen Professoren ihre Katheder und christliche Prediger ihre Kanzeln. Am Volksganzen zu arbeiten, ist das höchste Ideal.

Die Japaner haben einen Gemeinsinn, wie er sich unter den Völkern der Erde kaum noch zum zweitenmal wieder findet. Wir begegnen hier wiederum dem beherrschenden Einfluß des Konfuzius, welcher neben dem Familiensinn „kō" und aus ihm patriarchalisch herauswachsend, den Gemeinsinn „chū" als zweites in seinen Wirkungen geradezu religiöses Dogma aufstellte. Im Besitze dieser Tugend sind die Japaner als Volk groß und werden es auch in Zukunft sein. In China ist eigentlich nur das „kō" des Konfuzius ausgebildet worden; das „chu" dagegen ist dort fast verkümmert. Es bedeutet für den Chinesen kaum mehr als stumpfer Gehorsam gegen die Obrigkeit. Wohl hat der Chinese eine Heimat und er hat ein sehr starkes Gefühl für dieselbe. Aber ein Vaterland hat er nicht. Das chinesische Reich ist ein Konglomerat aus mehreren unter sich verschiedenen Völkern, und nicht einmal der chinesische Zopf, das gleiche fortschrittfeindliche Temperament, ist imstande, die verschiedenen Elemente zusammenzubinden. Auf dem Throne sitzt eine Dynastie, zu welcher der größte Teil des Volkes keine Beziehung hat, die sich vielmehr auf dem Wege der Gewalt aufdrängte. Da verliert der alte Spruch: „Für König und Vaterland" vollständig seine Bedeutung, und dafür sein Blut und Leben einzusetzen, das kann Konfuzius unmöglich gewollt haben. Anders der Japaner.

Ein einziges Beispiel soll das illustrieren. Es war im Oktober 1894, also während des chinesischen Krieges, als mich eine Missionsreise nach Osaka führte. Als ich eines Morgens aus meinem halb europäischen, halb japanischen Gasthaus heraustrat, fand ich die Straßen besetzt mit Menschen, so daß an ein Durchkommen kaum zu denken war. Ich fragte einen Polizisten, was denn los sei. Derselbe gab mir in höflicher Weise den Bescheid, daß ein Trupp chinesischer Kriegsgefangener vom Bahnhof her erwartet werde. In der Schlacht von Pingyang waren ungefähr tausend Chinesen gefangen worden, welche man jetzt auf die größten Städte Japans verteilte. Nach Osaka kamen ungefähr einhundertundsechzig. Selbstverständlich war auch ich neugierig, die Gefangenen, die ersten in Japan, zu sehen. Ich stellte mich daher gleichfalls neben der Straße auf, der einzige Europäer unter Tausenden von Eingeborenen, in einer politisch hocherregten Zeit; aber nicht das geringste kam vor, höchstens, daß man mich neugierig betrachtete. Als ich etwa eine Stunde gewartet hatte, sah ich aus der Ferne einen Zug herankommen. Voran und zu beiden Seiten japanische Infanterie mit gefälltem Gewehr, in ihrem Äußern fast genau wie preußische Soldaten; hinterher japanische Kavallerie, diese in Uniformen nach französischer Art. Zwischen drin die Gefangenen. Es war ein erbarmungswürdiger Anblick. Leute von fünfzehn bis zu sechzig Jahren, halbe Kinder und Greise mit grauen Haaren, schlecht genährt, schlecht gekleidet. Einige verhüllten mit der Hand das Gesicht, andere schauten finster zu Boden; nur wenige wagten es, sich umzuschauen. Es war ihnen bang um das Herz. Sie glaubten, sie würden hierher gebracht, um zur Belustigung des Volkes eines grausamen Todes sterben zu müssen, wie ja die Chinesen ihrerseits japanische Gefangene kurzer Hand töteten. Daß es ihnen in der Gefangenschaft gut gehen sollte, den meisten wohl besser als je zuvor in ihrem Leben, das ahnten sie damals noch nicht. Den Eindruck von Soldaten machten sie nicht. Ich glaube — und viele sind derselben Ansicht —, daß es überhaupt keine Soldaten waren, sondern gewöhnliche Arbeiter, denen man im letzten Augenblick noch Flinten in die Hand gegeben hatte, und dazu noch Flinten, die nicht losgingen. Ich habe darüber nach dem Feldzug aus dem Munde japanischer Offiziere die unglaublichsten Dinge gehört, so z. B., daß das ganze japanische Heer laut auflachte, wenn wieder einmal eine Kanonenkugel aus dem chinesischen Lager geflogen kam; denn man wußte im voraus, daß sie nicht platzen werde; sie war nicht mit Pulver, sondern mit Lehm gefüllt; das Geld für das Pulver aber war in die Taschen der Beamten, der Mandarinen, geflossen. Das war Kanonenfutter für die Japaner, gefährliche Feinde waren sie nicht. Wie sie nun

Munzinger, Japan.

vorbeizogen, voran die Kranken und Verwundeten auf Tragbahren oder in Jinrikscha, hinterher die Gesunden zu Fuß, die meisten ohne Zopf, weil ihnen derselbe von den Japanern teils aus Übermut, teils aus Reinlichkeitsgründen abgeschnitten worden war, standen die Japaner neben am Wege und betrachteten sie sich mit sichtbarem Stolz, aber ernst und ruhig.

An ihr Vaterland haben die gefangenen Chinesen ganz gewiß nicht gedacht. Der Durchschnittschinese ist nichts weniger denn ein Chauvinist. Wohl hat man ein Recht, von chinesischem Dünkel zu reden: aber derselbe ist kein Nationalitätsdünkel, sondern Kulturdünkel. Dieser Kulturdünkel ist so beherrschend, daß ihm gegenüber das politisch=nationale Element ganz in den Hintergrund tritt. Mehrere Male im Verlaufe der Jahrtausende ist das Volk der Chinesen durch die kraftvolle Faust fremder Eroberer auf die Kniee niedergezwungen worden; lächelnd, im stolzen Bewußtsein seiner geistigen Überlegenheit, hat es sein Haupt unter das Joch der Eroberer gebeugt. Die europäischen Soldaten haben vor wenigen Jahren Peking in Besitz genommen; wohin sie kamen, begleitete sie der Sieg. Aber die Masse des chinesischen Volkes ließ sich nicht aus dem Gleichgewicht bringen, mit überlegenem Lächeln schaute es auf die Europäer herab: mögen sie auch das Erdreich besitzen, die Geisteswelt gehört dem Volke der Mitte und vor dem strahlenden Lichte seiner unvergleichlichen Geisteskultur müssen alle äußeren Errungenschaften der Europäer, Kanonen und Kriegsschiffe, Eisenbahnen und Telegraphen, in nichts zerfließen. Das Selbstbewußtsein der Chinesen beruht darauf, daß sie das Volk des Konfuzius und Menzius sind; das Selbstbewußtsein der Japaner dagegen hat den politischen Patriotismus zur Grundlage und ist rein national.

Daß Japan — wir sprechen hier von dem eigentlichen Japan, also mit Ausschluß von Yezo und den Kurilen im Norden und von Formosa und den Riukiu=Inseln im Süden — jemals die Beute einer fremden Macht werden könnte, ist undenkbar. Im Vergleich zu den Kämpfen, welche durch die Landung fremder Truppen in Japan hervorgerufen würden, würden die Aufstände Polens, die Guerillakriege in Spanien und die Unabhängigkeitskämpfe auf Kuba reines Kinderspiel sein. Eher würde der letzte Japaner sein Blut verspritzen, ehe der geheiligte Boden von Yamato einer fremden Macht in die Hände fiele; wenn menschliche Voraussicht im Plane der Vorsehung noch etwas gilt, so wird noch in fernen Zeiten an Nippons schönen Gestaden stolz die japanische Flagge wehen, die glutrote Sonne im weißen Feld, und noch ebenso laut und begeistert wie heute wird von seinen freien Söhnen der Ruf erschallen: "Dai Nippon ban-zai," "Lang lebe Japan!"

Aber freilich, damit sind die Japaner nicht zufrieden. Sie träumen von einem größeren Japan. Ich habe oftmals von Japanern aussprechen hören, daß Japan ein Anrecht auf Korea habe. In ihrer romantischen Denkweise leiteten sie dieses Anrecht daher ab, daß schon die Kaiserin Jingō (um 200) und darnach wieder der Taifo Hideyoshi (1592) Korea für Japan erobert habe. Was aber als Instinkt in der Volksseele lag, das wurde von den leitenden Staatsmännern klar bedacht. Japan hat jährlich einen Bevölkerungszuwachs von etwas mehr als 1 Prozent oder von rund einer halben Million Köpfen. Auf die Dauer ist das Land außer Stand, die stetig zunehmende Bevölkerung zu ernähren. Japan bedarf also eines Gebietes, wohin es den Bevölkerungsüberschuß abführen kann. Da erscheint nun das nahegelegene Korea wie geschaffen zu diesem Zweck. Die Koreaner haben ein wenig ausgeprägtes nationales Bewußtsein. Es wäre somit dem japanischen Einwanderer dort möglich, Japaner zu bleiben. Auch kommt derselbe dahin mit einer höheren Kultur, so daß er eine führende Rolle spielen würde. Dort könnte ein Neujapan entstehen, auch wenn es politisch dem Namen nach nicht mit Japan vereinigt würde. Zudem ist Korea strategisch von höchster Bedeutung für Japan. Ein Blick auf die Karte bezeugt, daß es ein treffender Vergleich war, als ein japanischer Staatsmann Korea als den Pfeil bezeichnete, der auf das Herz Japans gerichtet sei. In der Tat, in einer starken Hand müßte der Pfeil für Japan verhängnisvoll werden. Und nun schien es, als strecke Rußland seine Hand nach diesem Pfeile aus. Schon einmal hatte Japan in Sachalin die russische Faust zu spüren bekommen (1875). Seitdem hielten seine Staatsmänner ihre klugen, scharfen Augen unverwandt auf diesen Gegner gerichtet. Sie besahen sich das zielbewußte Vorgehen Rußlands, welches mit Energie und Klugheit darauf hinarbeitete, einen geeigneten Zugang zum Stillen Ozean zu erhalten. Wenn Sibirien nicht in sich selbst ersticken sollte, so mußte eine Öffnung geschaffen werden. Wohl hatte es Wladiwostok. Da dasselbe aber während mehrerer Monate des Jahres zugefroren ist, so ist es als Handels- und als Kriegshafen minderwertig. Wenn Wladiwostok die Endstation der sibirischen Eisenbahn sein müßte, so wäre dieses Riesenwerk umsonst vollbracht. Rußland mußte also einen Ausgang nach den südlicheren Gewässern hin suchen. Nun schiebt sich aber Korea wie eine Scheidewand zwischen diese und die nördlichen, sibirischen Gewässer. Rußland bedurfte also Koreas zur Verbindung der beiden, wenn es nicht vorzog, seine asiatische Verkehrsstraße in Korea selbst ausmünden zu lassen. So stoßen also in Korea die Interessen Japans und Rußlands feindlich aufeinander. Wenn Rußland Herr über Korea ward, wer bürgt dafür, daß es zum Schutze seiner ostasiatischen Interessen nicht eines Tages seine Hand auf das nur wenig geschützte, kohlenreiche Yezo oder auf die, die Verbindung zwischen den südlichen und nördlichen Gewässern bedrohende, japanische Insel Tsushima legen werde? Aber auch, wenn das nicht geschah, so mußte ein ganz oder teilweise russisches Korea doch Japan politisch und kommerziell ein für allemal lahm legen. Nachdem Japan das erkannt hatte, beschloß es, der Gefahr zu begegnen. Zu diesem Zwecke mußte es sich zum Lenker der koreanischen Geschicke machen. Das war der tiefste Beweggrund des Krieges mit China. Korea war bis 1894 noch Vasallenstaat von China. Mit China und Korea allein hätten die Russen leichtes Spiel gehabt. Um den Russen Korea zu verwehren, drängten die Japaner China aus Korea hinaus und setzten sich selbst als die politischen Führer Koreas fest. Es wäre eine laienhafte Ansicht, zu meinen, in dem Kriege der Jahre 1894/95 sei es Japan lediglich darum zu tun gewesen, China zu demütigen. Gewiß, man wollte China die Macht und Größe Japans zu schauen geben, damit es später um so williger sei, der japanischen Führung zu folgen; aber die eigentliche feindliche Spitze war gegen Rußland gerichtet. Indem Japan dann im Frieden von Shimonoseki noch die Liaotung= Halbinsel mit Port Arthur für sich in Anspruch nahm, hatte es wieder seinem zweifachen Zwecke gedient: es hielt damit den Schlüssel zu Peking in der Hand und konnte leichtlich die Chinesen unter seine Führung zwingen, und gleichzeitig hatte es Rußland den südlichen Ausgang gesperrt. Durch diese Rechnung hat ihm freilich der „ostasiatische Dreibund", bestehend aus Rußland, Frank= reich und Deutschland einen Strich gemacht; Japan mußte Liaotung wieder herausgeben. Es knirschte mit den Zähnen; aber es ver= zog keine Miene und — wartete seine Zeit ab. Unterdessen war es in Korea ängstlich bedacht, fremdem Einfluß zu wehren. Ruß= land, welches die wieder freigegebene Siegesbeute der Japaner ohne jede Mühe an sich gerissen hatte, trat mit Japan um die Gunst Koreas in den schärfsten Wettbewerb. Japanische Fanatiker griffen zum Dolch; um antijapanische Einflüsse zu beseitigen, räumte man die koreanische Kaiserin aus dem Leben.

Bald darauf besetzten die Russen die Mandschurei. Damit war das angrenzende Korea unmittelbar bedroht. Aber auch für den japanischen Handel erwuchs eine große Gefahr. Wer sich die Karte beschaut, der sieht, daß Nordchina für Japan das natürliche Absatzgebiet seiner Waren ist. Wenn Rußland die Mandschurei im Besitz hat, so bedeutet das eine völlige Unter= bindung des japanischen Handels. Also auch von diesem Gesichts= punkte aus kommt ein vitales japanisches Interesse ins Spiel. Dieses kommerzielle Interesse enthält aber eine politische Kehr= seite, weil Rußland, im Besitze der Mandschurei, auch auf Mittel= china einen beherrschenden Einfluß ausüben müßte und wohl seine Eroberungspolitik bald noch weiter nach Süden fortführen würde.

Aus dieser Erwägung heraus erwächst noch ein weiteres Moment von hervorragender Bedeutung; die Rassenfrage. Die Japaner fühlen sich als die berufenen Führer der mongolischen Rasse, mit welcher sie sich solidarisch erachten. Gleichwie die nationale Vernichtung eines großen germanischen Volkes von allen stammverwandten Völkern schwer empfunden würde, so ist das

Schicksal Chinas, das weitaus den größten Teil der gelben Rasse
darstellt, den Japanern keineswegs gleichgültig. Schon bei dem
Friedensschluß von Shimonoseki (1895) ist viel und bestimmt
von einer geheimen Klausel gesprochen worden, durch welche ein
Bündnis zwischen den beiden Völkern vereinbart sei. Jedenfalls
hat Japan seitdem China gegenüber dieselbe kluge Politik beob=
achtet, wie Preußen nach 1866 gegenüber Österreich. Nicht nur
koreanische, sondern auch chinesische Schüler kamen in großer
Zahl nach Japan hinüber, um sich dort auszubilden. Anderseits
gingen viele tüchtige Japaner auf das Festland und auf allen
Gebieten sind sie zu Lehrmeistern der Chinesen und Koreaner
geworden. Man hat behauptet, die Unterschiede und Gegensätze
zwischen Japanern und Chinesen seien zu groß, als daß an eine
Verbrüderung der beiden zu denken sei. Dem ist aber nicht so.
Für eine oberflächliche Betrachtung, die an den Erscheinungen
haften bleibt, haben beide allerdings kaum etwas gemein. Wenn
man aber bis auf das unter den Erscheinungen liegende Wesen
hinabbringt, so sind sie beide kaum noch voneinander zu unter=
scheiden. Jeder Europäer, der in Ostasien längere Zeit geweilt
hat, glaubt sich verbindlich machen zu können, Japaner, Chinesen
und Koreaner auf den ersten Blick voneinander unterscheiden zu
können. In Wirklichkeit aber ist das nicht so. Der Unterschied
in den äußeren Erscheinungen dieser Menschen liegt vielmehr fast
ganz in der Verschiedenheit der Kleidung und der Haartracht.
Von dem Augenblick an, da die koreanischen Schüler in Tokio
japanische Kleidung trugen, waren sie von ihren japanischen Mit=
schülern in nichts mehr zu unterscheiden; und als ich auf meiner
Rückreise von Japan in St. Franzisko das Chinesenviertel be=
sichtigte, hielt ich meinen chinesischen Führer, der in europäischer
Kleidung stak und seinen Zopf unter einem europäischen Hut ver=
borgen hatte, mit Bestimmtheit für einen Japaner. Dr. Bälz hat
den Nachweis geliefert, daß in allen drei Völkern im wesentlichen
die gleichen Rassenelemente vereinigt sind, wenn auch überall
eine Beimischung anderen Blutes vorhanden ist. Ebensowenig aber
wie sich von einem chinesischen Schädel oder von einem chinesischen
Typus im Gegensatz zum Japaner reden läßt, ebensowenig läßt

sich von einem chinesischen Geist im Unterschied zu dem japanischen sprechen. Vielmehr gehören alle Ostasiaten einem und demselben **Kulturkreis** an, alle besitzen dieselbe Schrift, so daß sich ein Japaner mit einem Mandschu, dessen Sprache ihm gänzlich unbekannt ist, mit Leichtigkeit verständigen kann; alle haben die gleiche, allerdings von den Chinesen allein geschaffene klassische Literatur, ihrer aller Leben ist durch die gleiche Sitte und Sittlichkeit bestimmt, alle huldigen derselben Weltanschauung, oder vielmehr, sie sind ihr unterworfen. Und das alles ist darauf zurückzuführen, daß, im Einklang mit der prinzipiellen Gleichartigkeit der Rasse, ihre Geistesart als solche im Wesen die nämliche ist. In ihrem Temperament sind die ostasiatischen Völker durchaus voneinander verschieden; in dem Wichtigsten aber, in der Geistesart, sind sie einander gleich. Was von dem Geistesleben und der Weltanschauung der Japaner gesagt worden ist (S. 68 ff.), könnte ebenso auch von den Chinesen gesagt werden.

Somit hat die Natur, ja die Vorsehung selbst die Völker aufeinander angewiesen. Wenn Japan das erkannt hat, wenn es das „chū" des Konfuzius vom Volke auf die Rasse ausdehnt, wie das eigentlich in der Konsequenz des konfuzianischen Systems gelegen ist, wer wollte ihm das zum Verbrechen anrechnen? Es ist eine überwältigende große Idee, die Idee des **Panmongolismus**, und der sachlich Denkende, der sich für große Gedanken ohne Rücksicht auf ihre augenblicklichen, nützlichen oder schädlichen Folgen begeistern kann, bringt dem Urheber dieser Idee unwillkürlich Bewunderung entgegen. Manchem andern ist sie freilich wie ein großer Schreck in die Glieder gefahren und das Gerede von der „**gelben Gefahr**" ist laut geworden. Japan werde die jetzt noch träge Masse der Chinesen aufrütteln, so sagt man, und Hunderte von Millionen Mongolen werden sich auf Europa stürzen. Dieses Phantasiegebilde wird umsomehr für zukünftige Wirklichkeit gehalten, als bombastische Japaner selbst das gleiche Gespenst vormalen.

Vor wenigen Jahren hat der Staatsmann Graf Okuma den Ausspruch getan, daß in der Mitte des zwanzigsten Jahrhunderts Japan auf den Steppen Zentralasiens gegen Europa um die

Weltherrschaft kämpfen werde, und bald nach dem Ausbruch des Krieges gegen Rußland faselte eine japanische Zeitung von dem Kampf der gelben gegen die weiße Rasse. Wenn das wirklich ernst zu nehmen wäre, dann täten wir gut daran, das bekannte Bild unseres Kaisers, und die Worte, die er darunter setzte: „Ihr Völker Europas, wahret eure heiligsten Güter" nicht bloß in dem feinen Sinn zu verstehen, in welchem Bild und Unterschrift ein gutes Recht haben, sondern in einem gröberen und recht handgreiflichen Sinn. Aber Europa braucht sich durch diese Ausbrüche einer schier unglaublichen Großmannssucht nicht bange machen zu lassen. An diese hochtrabenden Redensarten muß man sich in Japan gewöhnen. Graf Okuma, der Führer der radikalen Partei, hat schon vor dem Inslebentreten der japanischen Verfassung auf Parlamentsherrschaft nach englischem Vorbild hingearbeitet und sich schon dadurch als den Vertreter des Unmöglichen erwiesen. Den jetzigen Krieg vollends darf man unter keinen Umständen als Beweis für jene Zukunftsweissagungen anführen; denn derselbe ist aus innerer Notwendigkeit entstanden; ein frivoler Rassenkrieg ist er mit nichten. Überhaupt ist zu einem Rassenkrieg die Masse der Chinesen, wie ihre ganze Geschichte und ihre Veranlagung beweist, zu friedlich gesinnt, während die Japaner ihrerseits viel zu überlegend dazu sind. Sie arbeiten nicht Jahrzehnte hindurch, um das Glück, das sie sich gezimmert, selbst wieder in unsagbarer Verblendung in Trümmer zu schlagen. Sie haben große Pläne; aber diese Pläne bewegen sich auf dem Boden der Wirklichkeit, in den Grenzen des Erreichbaren. Sie wollen in Ostasien eine Rolle spielen und dem Mongolentum einen Platz an der Sonne schaffen. Dieses Ziel werden sie mit der Klugheit und Tatkraft verfolgen, die ihnen eigen ist. Skrupulös werden sie zur Erreichung desselben nicht sein.

Bei dem chinesischen Krieg stellte sich heraus, daß ihnen in Korea und Nordchina jeder Weg und Steg bekannt war. Wer Gelegenheit hatte, die Generalstabskarten des Kriegsschauplatzes zu sehen, war im höchsten Grade erstaunt. Jahre zuvor hatten ihre Späher, darunter Offiziere, in chinesischer Kleidung China durchstreift, und zwar mit solcher Gewandtheit, daß erst nach Ausbruch des Krieges einer oder zwei ertappt wurden. Im Kriege mit Rußland werden die Steppen Ostsibiriens den Japanern mindestens ebensogut bekannt sein als den Russen. Im Anfang der neunziger Jahre machte der damalige Major und jetzige General Fukushima von Berlin aus, wo er der Gesandtschaft attachiert war, einen Ritt durch Sibirien bis nach Wladiwostock. Alles zu Pferd. Ein Sportritt sollte es sein, es war mehr als das. Die japanische Presse verfolgte den Ritt auf das genaueste; Tag für Tag kamen Mitteilungen. Zwischendrin aber war der Reiter ab und zu auf Tage bis zu zwei Wochen wie von der Erde verschlungen, bis er plötzlich wieder auftauchte. Der Tag seiner Ankunft in Tokio wurde zum Festtag. Nur noch zweimal habe ich solche Volksmengen beieinander gesehen, nämlich am Tag nach der Eroberung von Port Arthur und bei der Heimkehr des Kaisers aus dem Hauptquartier. Die Japaner sind vorzügliche Kundschafter. Sie haben sich heimisch gemacht in ganz Ostasien, sie haben es getan aus weittragenden politischen Gesichtspunkten. Mit der kulturellen Führung Ostasiens werden sie schwerlich zufrieden sein. Alles werden sie daran setzen, um ihre politischen Ideale zu verwirklichen, alles, Gut und Leben, werden sie opfern auf dem Altare des Vaterlandes.

Aber das bedeutet noch keine **gelbe Gefahr**. Wenn Japan die politische Vormacht Ostasiens zu werden strebt, wollen wir uns dawidersetzen? Die Geschichte hat sich für Japan entschieden, und wir dürfen damit zufrieden sein. Bietet doch Japan eine weit sicherere Bürgschaft für die Entwickelung des fernen Ostens als Rußland. Japans Sieg wird mit einem Schlage Ostasien, Korea und China definitiv der europäischen Kultur erschließen. Japan vertritt eine konstitutionelle Staatsverfassung, Rußland den Absolutismus; Japan vertritt die Aufschließung Ostasiens für ungehinderten Welthandel, Rußland möchte Korea und die Mandschurei für andere verschließen, sowie es ja auch die amerikanischen Konsuln für die Mandschurei nicht zuließ. Japan vertritt allgemeine Volksbildung, wie jämmerlich es mit der russischen Volksbildung bestellt ist, weiß jedermann; Japan vertritt Religions-

freiheit, Rußland läßt nur die Missionstätigkeit der russischen
Kirche zu und gefährdet die blühenden protestantischen Missionen
in Korea und der Mandschurei.

Was Europa in allen Jahrhunderten nicht gelungen ist, das
wird Japan in einem Jahrzehnt zustande bringen: es wird der
modernen Kultur in dem Reiche der Mitte freie Bahn schaffen.
Der Europäer ist nach China gekommen und hat mit dem Ge=
wehrkolben an die Türe geklopft und herrisch Einlaß begehrt.
Da zog sich der Chinese in sich selbst zurück und ward ver=
schlossener denn je. Der Japaner kommt als Freund und Bruder;
auf ihn findet das Wort keine Anwendung: „Wer nicht mit uns
von gleichem Stamme ist, der hat ein andres Herz als wir."
Nicht eher werden die japanischen Gelehrten und Offiziere, Tech=
niker und Kaufleute und Lehrer Ruhe geben, als bis sie die Kultur=
seuche auch nach China eingeschleppt haben. Die alte chinesische
Kaiserin, welche für das Reich der Mitte ungefähr dasselbe ist
wie Pobjedonoszeff für Rußland, sträubt sich freilich mit Händen
und Füßen dagegen, aber so vergeblich wie das dürre Eichenlaub
im Frühling gegen die unaufhaltsam hervorbrechenden neuen Triebe.
Jung=China ist auf dem Wege. Aus allen Teilen des Landes
wissen diejenigen, welche mit dem Volksleben am meisten vertraut
sind, die Missionare, von einem großen Erwachen zu berichten.
Die Kinder singen in den Schulen vom kommenden Frühling,
wie Pilze aus der Erde so schießen die Zeitungen empor und alle
verbreiten moderne Gedanken. Es ist ein Schauspiel von erhabener
Wirkung, das Erwachen dieses Volkes, ein Menschheitsfrühling
sondergleichen. Uns aber muß es mit stolzer Freude erfüllen zu
sehen, wie unsere Kultur, wenn es auch vorerst nur unsere materielle
Kultur ist, siegreich über die Erde dahinschreitet.

Aber wir würden uns noch ungetrübter freuen, wenn wir
nicht im Hintergrunde das Gespenst der gelben Gefahr zu schauen
meinten. In der Tat hat das Erwachen des Chinesentums die
politische Bedeutung, daß China in die Gefolgschaft Japans ge=
nommen wird. Es entsteht dadurch eine politische Interessen=
gemeinschaft, eine ostasiatische Monroedoktrin, die Losung „Ostasien
den Ostasiaten", und im Verein mit China wird sich Japan stark

genug dünken, diese Doktrin, wenn es sein müßte, gegen ganz
Europa praktisch zu betätigen. Darin liegen ganz gewiß ernste
Kriegsgefahren. Denn es ist für die Westvölker nicht leicht, sich
da, wo sie seither frei zu schalten und walten gewohnt waren,
mit einem Male jedes politischen Einflusses zu begeben. Und
dann die Grenzgebiete! Durch die Machtstellung Rußlands in
dem benachbarten Korea hat sich Japan in seiner nationalen Entwickelung bedroht gesehen und es griff zum Schwert. So mögen
in den mongolischen Grenzgebieten Verhältnisse eintreten, durch
welche sich das Mongolentum in seiner Entwickelung gefährdet
sieht, und es greift zum Schwert.

Andrerseits aber ist der Ostasiate viel zu besonnen, als daß
er phantastische Welteroberungspläne verfolgte. Der realistische
Sinn des Mongolen ist allezeit nur auf das Erreichbare gerichtet.
Nur ein romantischer Geist kann von neuen Hunnenzügen träumen.
Das Mittelalter ist in das Meer der Zeit hinabgesunken; in
seinen Wogen liegen auch die Hunnen begraben.

So ist also politisch die gelbe Gefahr für die weiße Rasse
als solche nicht allzusehr zu fürchten. Die Völker Ostasiens
werden kämpfen um Ostasiens willen; aber nicht weiter.

Ähnlich liegt die Sache auf wirtschaftlichem Gebiet. Auch
hier hat das Wort von der gelben Gefahr eine gewisse Berech-
tigung. Ostasien, wenn es erst einmal völlig erschlossen ist, wird
eine ungeheure Menge von Arbeitskraft stellen. Und zwar handelt
es sich um unverbrauchte Kraft, die von nervöser Abspannung
noch nichts weiß. Da ohnehin der Mongole zu technischer Arbeit
hervorragend veranlagt ist, so wird die Zeit nicht ausbleiben,
wo sich von Ostasien her eine empfindliche wirtschaftliche Konkurrenz für die alte Welt bemerklich machen wird. Diese Konkurrenz wird für einzelne Zweige unserer Industrie sogar eine
Zeitlang kritisch sein, nämlich solange, bis der unausbleibliche
Ausgleich eingetreten ist. Aber daß das Mongolentum Europa
und Amerika wirtschaftlich zugrunde richten wird, wer wollte das
behaupten? Die alte Welt wird sich eben an den Gedanken gewöhnen müssen, daß ihr auch wirtschaftlich nicht die ganze Erde
gehört und daß sie auch noch andere an den Gütern der Erde

muß teilnehmen lassen. Aber auch dann wird es sich zeigen, daß die Erde Raum für alle hat. Es ist phantastisch, von einem großen Vernichtungskampf der beiden Rassen zu reden.

Als Japan vor wenigen Jahrzehnten sich zu erschließen begann, sind die Reisenden, welche für ein paar Wochen in das Land hineingeschaut hatten, nicht müde geworden, immer wieder zu Hause von dem Zaubergarten zu erzählen, den sie geschaut, und von den Schmetterlingen, die zwischen den Blumen gaukelten. Heute ist das Zauberland verschwunden, und der Kanonendonner von Port Arthur, Mukden und Tsuschima hat auch den letzten Rest der alten Illusion zerstört. Jetzt aber sieht man an der gleichen Stelle im gelben Schlamme einen greulichen Drachen liegen, welcher mit sprühenden Augen gegen Westen schaut, drohend, in die blühenden Fluren da drüben verheerend einzufallen. Ob sich nicht auch das als eine voreilige Illusion erweisen wird?

Lassen wir uns genügen, zu wissen, daß die Welt des Abendlandes in der Zukunft mit Japan als mit einer gewaltigen geistigen, wirtschaftlichen und politischen Macht zu rechnen haben wird. Die Geister, die dort drüben schliefen, hat es selbst geweckt; es wird sich mit ihnen abfinden müssen. Mit dem Mongolentum ist ein neuer Faktor in die Geschichte der Menschheit eingetreten, ein Faktor, der sich noch nicht genau berechnen läßt. Aber wenn wir auch nicht so vermessen sind, in der gegenwärtigen Verworrenheit etwas mit Bestimmtheit voraussagen zu wollen, so wissen wir doch, daß in der Hand der Vorsehung auch die verworrensten Fäden sich lösen, und wir geben der frohen Zuversicht Ausdruck, daß auch die so ganz anders gearteten Kräfte und Gaben der gelben Rasse dazu mitwirken werden, die ewigen Pläne des Weltenmeisters zu verwirklichen und die Menschheit ihrer wahren Bestimmung entgegenzuführen.